Walter Eckel, Reina Eckel, Thomas Eckel

Korsika, leichte Bergwanderungen Band 2: Südkorsika

AF239910

1

Widmung:
In Erinnerung an 85 Freunde, mit denen wir in 40 Jahren gemeinsame Bergwanderungen auf Korsika unternommen haben.

Walter Eckel, Reina Eckel, Thomas Eckel

Korsika, leichte Bergwanderungen
Band 2: Südkorsika

Bibliografische Information der deutschen Bibliothek:
Die Deutsche Bibliothek verzeichnet diese Publikation in der
Deutschen Nationalbibliographie; detaillierte bibliographische
Daten sind im Internet unter *http://dnb.ddb.de* abrufbar

Copyright 2014 Walter Eckel
Herstellung und Verlag: Books on Demand GmbH, Norderstedt
ISBN 978-3-8482-1551-5

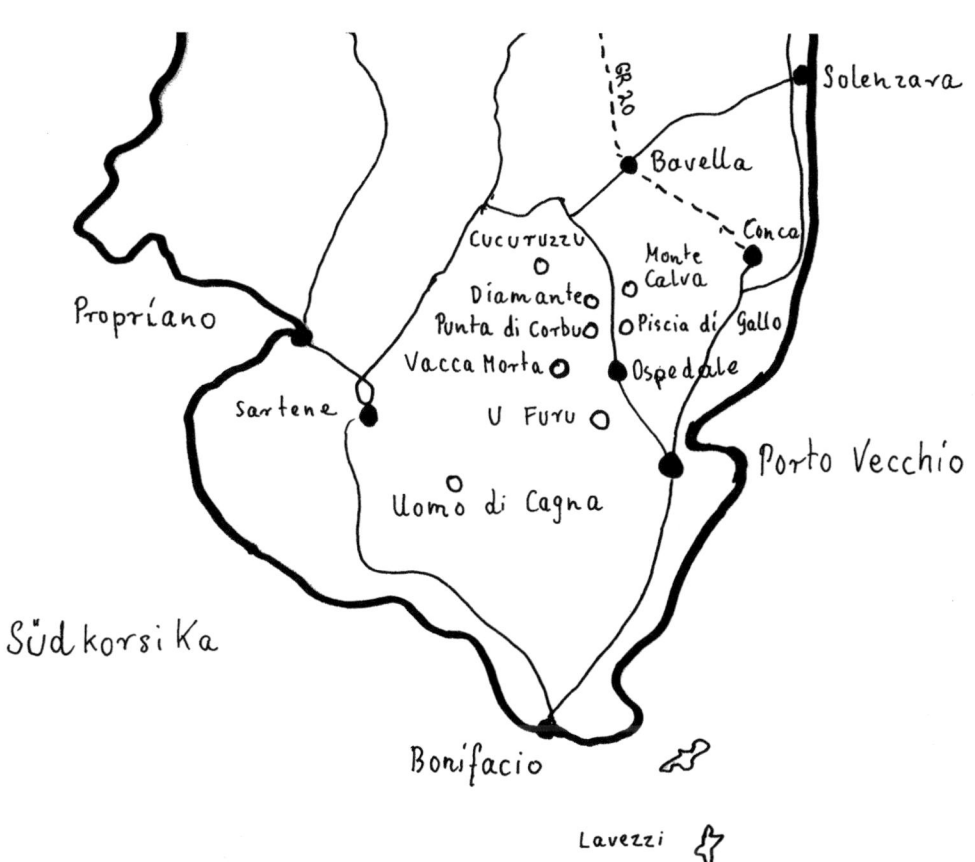

Solenzara

Bavella

Conca

CUCUTUZZU

Monte Calva

Proprìano

Diamante
Punta di Corbu
Vacca Morta

Piscia di Gallo

U Furu

Ospedale

Sartene

Porto Vecchio

Uomo di Cagna

Südkorsika

Bonifacio

Lavezzi

5

Inhalt

Vorwort

Nach den Erfolgen der ersten beiden Auflagen unseres Wanderbuches „Korsika, leichte Bergwanderungen" hätten wir schon vor vielen Jahren eine dritte Auflage des seit langem vergriffenen Buches folgen lassen müssen; aber wir fanden zu dritt nicht die Zeit und die Muße dazu.

Inzwischen hatten sich im Laufe der Jahre die von uns erkundeten interessanten Bergwanderungen auf Korsika in der Anzahl verdoppelt. Schon das Buch der zweiten Auflage war mit 42 Touren reichlich dick zum Mitnehmen bei Wanderungen. Für die dritte Auflage mussten wir einen neuen Weg finden.

Wir entschlossen uns, die dritte Auflage in drei oder vier Bücher aufzuteilen; dadurch hatten wir auch die Möglichkeit, neben den Zeichnungen viele Fotos von unseren Wanderungen in das Buch aufzunehmen, damit es schöner und informativer wird. Alle Fotos in diesem Buch sind ausnahmslos von unserer Familie auf unseren gemeinsamen Wanderungen aufgenommen worden.

Aber ansonsten sind wir unserem bewährten Prinzip treu geblieben: Alle Touren sind sehr ausführlich beschrieben, damit die Leser sich bei den Wanderungen nicht so leicht verlaufen können, und vor der Tourenbeschreibung wird meist in einem allgemeinen Teil dargestellt, warum es sich lohnt, diese Wanderung zu unternehmen, und worauf man generell achten muss. Ebenso ist der Kopf der Wandertexte gleich geblieben mit Zeit- und Höhenangaben und dem Mindestalter für mitwandernde Kinder.

Im ersten Buch der dritten Auflage haben wir im vorigen Jahr das Bavellagebiet und seine Umgebung dargestellt. Dieses zweite Buch beschreibt Wanderungen ganz im Süden Korsikas.

In diesem Buch über Südkorsika haben wir die Tour zum Piscia di Gallo ganz neu gestaltet, da der Wanderweg zu diesem Ziel sich total geändert hat. Außerdem versuchten wir, mit mehreren Fotos den Abstieg in die Schlucht mit der Durchquerung des Wasserbeckens interessant darzustellen, damit abenteuerlustige Wanderer sich nicht mehr mit dem Blick auf den Wasserfall von oben begnügen müssen, sondern die Möglichkeit haben, auch die bisher völlig einsame Schlucht tief unten kennenzulernen.

Für die Kaskadenwanderung in U Furu habe ich eine Gedächtnisskizze neu gezeichnet, um die drei Kaskadengebiete und den Weg dorthin deutlich zu machen. Ferner habe ich für den etwas schwierigen Anfahrtsweg eine weitere Skizze erstellt.

In diesem Band finden Sie jetzt auch umfangreiche Darstellungen der Wanderungen an der Küste von Bonifacio. Weiterhin haben wir die Wanderung zum Uomo di Cagna durch die Beschreibung der Nordroute ergänzt. Auch bei den anderen Touren haben wir, wenn erforderlich, Korrekturen und Ergänzungen vorgenommen.

Neu hinzugekommen ist die Beschreibung der Insel Lavezzi mit den Wander- und Bademöglichkeiten. Die Besteigung der Punta di Corbu ist eine ganz neue Entdeckung von uns und bietet einen schönen Blick über den Ospedale Stausee.

Wir hoffen, dass dieses Buch für die nächsten Jahre aktuell bleiben wird. Manche Namen von Flüssen und Bergen haben etwas unterschiedliche Schreibweisen auf Korsisch und auf Französisch, doch das wird nicht weiter stören.

Falls Sie als Bergwanderer Abweichungen von unseren Texten finden, bitten wir um Mitteilung, und wir werden die Verbesserungen in der nächsten Ausgabe berücksichtigen.

Das Erstellen dieses Buches ist eine Gemeinschaftsleistung. Die Leitung lag bei unserem Sohn Thomas, ohne den diese Neuauflage nicht möglich gewesen wäre, schon gar nicht das Mastering, das beste Computerkenntnisse voraussetzte.

Ich selbst, Walter Eckel, habe die meisten Texte geschrieben und die meisten dazugehörigen Wanderskizzen gezeichnet. Meine Frau Reina hat die Bilder zu den Texten gemalt, und sie hat sich um die Auswahl und Positionierung unserer Fotos gekümmert, und unser Sohn Thomas hat alles koordiniert, uns Alten geholfen, wenn wir am Computer mal nicht weiterwussten, und auch einige Texte geschrieben.

Für meine Frau und für mich ist diese dritte Auflage das Resümee von über 40 Jahren Wanderungen auf Korsika. Nun, mit 80 und bald 82 Jahren, wandern wir nur noch in den Tälern der korsischen Berge, schauen dabei nach oben und sagen uns: „Da oben auf den Gipfel sind wir mal geklettert." Aber die Wanderung auf dem neuen Weg zur Punta di Corbu haben wir im vorigen Jahr noch geschafft. Unser von Korsika begeisterter Sohn Thomas wird unsere Arbeit in Zukunft fortsetzen.

Im Sommer 2014

Familie Eckel
Volksdorfer Weg 209
22393 Hamburg
Tel.040/6019728
E-Mail: info@eckel-korsika.de
Web: www.eckel-korsika.de

Allgemeine Ratschläge zu den Wanderungen

Über Gefahren und Verirren in den korsischen Bergen

Wenn ich in diesem Bergwanderführer von ungefährlichen Bergwanderungen spreche, setze ich jedoch einige Vorsichtsmaßnahmen voraus. Die Wanderpfade sind meistens keine bequemen Wanderwege wie in deutschen Mittelgebirgen. Es geht oft recht mühsam über Steine, und Fußverletzungen sind bei Unachtsamkeit möglich.

Die beschriebenen Wanderwege führen zwar nicht direkt an Abgründen vorbei, aber einige Meter abseits können diese durchaus gefährlich werden. Das bedeutet, dass man auf Kinder sehr aufpassen muss und sie nie allein vorauslaufen lässt. Stets sollte auf unbekannten Wegen ein Erwachsener als erster gehen.

Trotz genauer Wegbeschreibung kann man sich leicht verirren. Wenn man auf einer Bergwanderung merkt, dass der Weg gefährlich wird, oder dass man keine „Steinmänner" aus aufgeschichteten Steinen als Wegzeichen mehr findet, sollte man sofort umkehren, bis man den Weg wiedergefunden hat. Steinmänner sind aber auch keine Garantie für den richtigen Weg, vor allem gibt es oft verschiedene durch Steinmänner gekennzeichnete Pfade, und man muss dann entscheiden, welcher Weg der richtige ist.

Desgleichen kann man sich im Gebirge leicht verirren, wenn plötzliche Wolken den Berg einhüllen und einem die Orientierung nehmen. Wenn sich das Wetter verschlechtert, sollte man bei Bergtouren lieber umkehren. Kommt man trotzdem in eine sehr dichte Wolke und erkennt den Weg nicht mehr, so sollte man sich hinsetzen und warten, bis sich die Wolke verzogen hat, bevor man riskiert, in gefährliches Gelände zu geraten.

Meistens ist ja auch in den Bergen gutes Wetter mit heißem Sonnenschein, dass man am liebsten in Badehose ohne Gepäck aufsteigen möchte. Wie in jedem Gebirge kann aber schnell ein Wetterumschwung kommen, der einen Temperatursturz mit sich bringt. Oft genügt schon eine Wolke vor der Sonne, dass sofort ein kalter Wind einsetzt. Man sollte deshalb bei jeder Bergwanderung warme Kleidung in einem Rucksack mit sich führen, zumindest einen Anorak, um sich vor der Kälte zu schützen; desgleichen sollte man aber auch eine leichte Kopfbedeckung mitnehmen, um Schutz vor starker Sonneneinstrahlung zu haben.

Wenn man allerdings das Pech hat, in einen Regenguss zu kommen, nutzt in den Bergen auch ein Anorak nichts mehr. Man kann sich meist nicht unterstellen und ist dann in wenigen Minuten bis auf die Haut durchnässt. Man sollte daher für jede längere Bergtour im Auto Reservekleidung liegen haben, damit man wenigstens vor der Rückfahrt trockene Kleidung anziehen kann. Gegen starke Regengüsse im Gebirge hilft oft nur ein Plastikregenschutz.

Am besten kauft man sich schon in der Heimat einen recht breiten Regenschirm, der einen so langen Stock mit einem gebogenen Griff hat, dass man ihn in den Bergen auch als Wanderstock benutzen kann. Unter so einem breiten Schirm haben mein Sohn und ich bei einer Tour über eine halbe Stunde einen starken Guss dicht zusammenstehend abgewartet, und wir konnten anschließend unsere Tour in trockenen Kleidern fortsetzen.

Es ist bei einer Bergwanderung nicht angenehm, in der größten Mittagshitze einen Aufstieg zu unternehmen, vor allem die Kinder streiken dann bald. Es ist empfehlenswert, dass man für eine Bergtour schon um 5.oo Uhr morgens aufsteht und gegen 6.oo Uhr von seiner Unterkunft losfährt, damit man spätestens gegen 8.oo Uhr mit dem Aufstieg beginnen kann. Dann hat man gegen 10.oo bis 11.oo Uhr sein Ziel erreicht und hat in der Mittagshitze den leichteren Abstieg.

Diese Zeiteinteilung hat noch einen weiteren Vorteil: Auch bei einer unbeständigen Großwetterlage ist in den Bergen morgens früh meist strahlend blauer Himmel; gegen 10.oo Uhr kommen die ersten Wolken, und gegen 12.oo Uhr sind die Berggipfel oft von Wolken verhüllt. Wer einen schönen Ausblick haben möchte, sollte möglichst früh auf dem Gipfel sein.

Dieses Ziel ist auf einem Tagesausflug nicht zu erreichen, wenn eine Familie mit größeren Kindern einen der hohen korsischen Berge ersteigen möchte wie z.B. den Incudine. Meist ist der Anfahrtsweg zu lang und das Wandertempo der Kinder zu langsam für eine Tagestour, vor allem, wenn dann die Mittagshitze hinzukommt.

In diesem Fall empfiehlt sich eine Anderthalbtagestour: Man fährt am frühen Nachmittag von seinem Aufenthaltsort los und beginnt den Aufstieg am späten Nachmittag, wenn die größte Hitze vorbei ist. Man wandert mit Schlafsack und Verpflegung ca. 2 bis 3 Stunden, bis man oberhalb der Baumgrenze eine Berghütte erreicht, in der man für ein Entgelt ein Matratzenlager bekommt.

Doch sollte man abends nicht zu spät ankommen, da die Plätze in der Hochsaison oft schnell besetzt sind. Dieser Gefahr entgeht man, wenn man für die Übernachtung ein kleines Zelt mitnimmt. Am nächsten Morgen steht man um 5.oo Uhr in der Dämmerung auf und schafft in schöner Morgenkühle die letzten Stunden des Aufstiegs und hat meist eine schöne Sicht. Für den Abstieg und die Rückfahrt hat man dann Zeit genug.

Für diese allgemeinen Ratschläge, die überwiegend der Sicherheit dienen, möchte ich einige Beispiele nennen, die am ehesten die lebensgefährlichen Probleme zeigen, in die man unversehens geraten kann. Diese Beispiele betreffen meist nicht speziell Südkorsika; aber sie zeigen Situationen, die in abgeänderter Form auch in anderen Gebieten Korsikas vorkommen können.

1. Als meine Familie 1972 das zweite Mal auf Korsika war und meine Frau und ich noch nicht viel vom Bergwandern verstanden, wollten wir mit unseren damals noch recht kleinen Kindern den Velaco am Bavella besteigen, der uns von kompetenter Seite als für Kinder ungefährlich empfohlen worden war, und der in der Schwierigkeit als „höchstens 1+, also noch leicht, eingestuft worden war.

Damals wussten wir noch nicht, dass leicht zu klettern nicht immer ungefährlich bedeutet, sondern nur, dass man gute Griffe und Tritte zum Klettern vorfindet; das Klettern ist leicht, kann aber durchaus an Abgründen vorbeiführen. Diese Erfahrung machten wir am Velaco. Der Berg mit seinem breiten Gipfel macht vom Anstieg aus den Eindruck, als habe er eine ungefährliche, runde Kuppe. Wir konnten von vorne nicht sehen, dass dieser breite Gipfelblock nur einen ganz schmalen Grat hat, der zur hinteren Seite ca. 200 m senkrecht abfällt.

Seinerzeit waren wir noch so leichtsinnig, bei dieser anscheinend ungefährlichen Tour unsere Kinder etwas vorausklettern zu lassen. Uns blieb fast das Herz stehen, als wir zu spät sahen, wie unsere Kinder lässig neben dem Grat auf einer nach außen schrägen Platte am Abgrund vorbeiturnten und unsere Aufregung gar nicht verstehen konnten. Nach dieser Erfahrung haben wir unsere Kinder in uns unbekannten, unübersichtlichen Gegenden nie mehr vorausklettern lassen.

2. Sechsmal haben wir im Laufe der Jahre die wunderschöne Speluncaschlucht bei Evisa durchwandert, fünfmal bei herrlichem Sonnenschein; aber einmal geriet meine Familie bei der Wanderung in einen unvorstellbaren Gewitterguss, bei dem es zwei Stunden lang pausenlos blitzte, donnerte und goss. Dass alle klitschnass wurden, und dass sich aus dem ausgetretenen Weg ein kleiner Bach entwickelte, in dem man mit triefenden Schuhen watete, war noch das geringere Übel.

Aber in dem langgestreckten Tal kamen von den Seitenhängen Bäche über den Weg geschossen, und an einer Stelle, wo wir bei Trockenheit ein kleines Rinnsal gar nicht wahrgenommen hatten, war ein so breiter und reißender Bach entstanden, dass man beim Durchqueren in Gefahr geriet, umgerissen zu werden.

Aber in dem Augenblick, wo man in dem knietiefen, reißenden Strom hinfällt, ist man verloren; denn der Körper bietet dann dem Wasser so viel Widerstand, dass man sich nicht mehr halten kann und unweigerlich über den seitlichen Abgrund in die tobenden Wasser des Hauptbaches gerissen wird, wo man bei solchem hohen Wasserstand auch unverletzt keine Chance mehr hätte.

Unsere Gruppe hätte an dieser Stelle umkehren müssen. Aber die Kinder waren erschöpft und hätten den Rückweg 400 Höhenmeter bergauf nicht mehr schaffen können, und die Autos mit den Fahrern standen zum Abholen unten im Tal am Ende der Schlucht.

Nur unter Gefahr vor allem für die Kinder war es möglich, den Bach zu überqueren, indem die Kinder von den breitbeinig im Wasser stehenden Erwachsenen von Hand zu Hand gereicht wurden.

Man sollte daraus die Konsequenz ziehen, eine solche Talwanderung nur bei beständigem Wetter zu unternehmen, vor allem in der Speluncaschlucht, wo eine Umkehr schwieriger als bei einer Bergbesteigung ist. Auch bei gutem Wetter ist es zur Vorsicht ratsam, ein ca. 10 m langes Seil mitzunehmen, das bei gefährlichen Bachüberquerungen, von zwei Erwachsenen gehalten oder an Bäumen verspannt, als Halt dienen kann.

3. Eine bei Hamburg lebende Familie erzählte uns bei einem Besuch einen Vorfall auf Korsika, bei dem sie alle leicht hätten umkommen können: Die Familie hatte, unserem Wanderbuch entsprechend, die leichte und normalerweise völlig ungefährliche Wanderung durch das Manganellotal bei Vizzavona durchgeführt und an einem schönen Badebecken mit ihren zwei kleinen Töchtern Rast gemacht und gebadet. Das Wetter war bedeckt, aber trocken und warm, und nur in der Ferne in Richtung Mt. d'Oro und Rotondo hörten sie etwas Gewittergrummeln.

Kurz nachdem die Familie ihr Bad beendet hatte, hörten sie plötzlich ein lautes Getöse, und ehe sie sich versahen, kam eine mehrere Meter hohe Welle, in der sich Äste und Baumstämme befanden, auf sie losgestürzt. Die Eltern konnten gerade noch ihre Kinder die schrägen Felsen hochscheuchen, ihre Sachen ergreifen und den Kindern nachrennen, und schon schoss die Welle vorbei und überschwemmte ihren Lagerplatz. Wären sie noch beim Baden gewesen, hätten sie und erst recht ihre Kinder kaum eine Chance gehabt, sich zu retten.

Irgendwo im Einzugsbereich des Manganellobaches hatte es ein Gewitter mit einem überaus starken Regenguss gegeben, entweder am Südhang des Rotondo oder am Nordhang des Mt. d'Oro. Das Regenwasser hatte sich wohl zuerst im Bach an Steinen und Astwerk gestaut, bis die Wassermassen einen plötzlichen Durchbruch erzwangen.

Die Notlage der Familie war damit aber noch nicht vorbei: Sie stand jetzt auf der falschen Bachseite, wo kein Weg entlangging, und auch nach der Anfangswelle führte der Bach für viele Stunden reißendes Hochwasser, dass ein Durchschreiten mit den Kindern unmöglich blieb. Zum Glück erinnerten sich die Eltern, dass in unserem Wanderführer weiter oberhalb des Baches eine Brücke vermerkt war. Äußerst mühsam quälten sie sich mit den Kleinkindern lange Zeit an steilen Felsen entlang, bis sie nach ca. 2 km die Brücke fanden und auf den Weg gelangten.

Über die Konsequenz aus diesem Erlebnis braucht man nicht lange zu diskutieren: Äußerste Vorsicht beim Baden in Flussbecken, wenn nicht ringsum blauer Himmel zu sehen ist!

4. Ein Bekannter von uns beobachtete in den Polischellu-Kaskaden am Bavella einen Mann, der nach unserem Buch die Kaskaden durchklettern wollte und dabei die 14. Kaskade mit der 17. Kaskade verwechselte. Da man an der 17. Kaskade an einem großen Felsen vorbeimuss, versuchte er, einen äußerst glatten Felsen an der 14. Kaskade hochzuklettern, unter dem ein großer, scharfkantiger Stein aus dem Wasser ragt. Der Mann verlor den Halt, rutschte den Felsen hinab und fiel ins Wasser, direkt neben dem scharfkantigen Stein, der ihm das Rückgrat hätte brechen können.

Nun hat zum Glück noch niemand mit Farbe große Nummern an die Kaskadenfelsen gemalt. Die Nummerierung habe ich unter Berücksichtigung oder Vernachlässigung kleiner Zwischenkaskaden willkürlich festgelegt, und wer die Beschreibung nicht genau beachtet, kann leicht mit der Zählung durcheinanderkommen. Aber es sollte doch jeder beim Klettern seinen gesunden Menschenverstand behalten und nicht mit Gewalt gefährliche Aufstiege riskieren, wo offensichtlich für normale Bergwanderer kein Durchkommen ist!

Wenn ich nicht auf gefährliche Stellen extra hinweise, gilt die Regel: Alle Wanderungen dieses Buches, die ich für Kinder unter 14 Jahre geeignet halte, führen niemals so dicht an Abgründen vorbei, dass bei einem Ausrutschen oder Hinfallen ein tödlicher Absturz die Folge sein könnte, eine beaufsichtigte gute Wegdisziplin der Kinder natürlich vorausgesetzt. Wenn ein Weg zu gefährlich wird oder ein Pfad sich im dornigen Dickicht verliert, hat man sich verirrt, muss umkehren und den Weg von neuem suchen. Und in allen Fällen bleiben die Eltern für ihre Kinder verantwortlich, müssen auf unbekannten Wegen vorausgehen und selber entscheiden, ob sie mit ihren Kindern weitergehen wollen oder nicht.

5. Die erforderliche gute Wegdisziplin ist aber nicht leicht aufrechtzuerhalten, wenn die Wandergruppe zu groß ist und demzufolge nur einen geringen Zusammenhalt hat. Dies erlebte ich gleichfalls in den Polischellu-Kaskaden am Bavella in einer gefährlichen Situation, in welcher Kinder hätten tödlich

verunglücken können:

Gegen meinen Willen musste ich einmal eine viel zu große Gruppe von über 30 Personen durch die Kaskaden führen, zu denen neben Jugendlichen und Erwachsenen auch mehrere Kinder gehörten. Die meisten Personen kannte ich nicht, da sie Bekannte von Freunden unserer Bekannten waren, die alle die Kaskaden kennenlernen wollten. Auf dem Hinweg zur 11. Kaskade wurde bei jeder gefährlichen Engstelle noch gewartet und schwächeren Mitgliedern geholfen, bis alle die Kletterstelle überwunden hatten.

Aber auf dem Rückweg wurde der geringe Zusammenhalt der lockeren Gruppe zur Gefahr: Bei der Rast an der 11. Kaskade brachen plötzlich einige Jugendliche zum Rückweg auf; mehrere Kinder folgten ihnen leichtfüßig, und während wir Erwachsenen noch beim Aufbruch waren, war der Zusammenhalt der Gruppe schon mehrfach zerrissen, und das Rauschen der Wasserfälle verhinderte ein akustisches Stoppsignal.

Während die Eltern weiter hinten ihre vorausgeeilten Kinder in sicherer Obhut der Jugendlichen glaubten, waren diese, ohne auf die Kinder zu achten, vorausgeeilt und in der dichten, pfadlosen Macchia verschwunden. Dadurch fanden die Kinder beim Umklettern einer Kaskade die Abstiegsstelle nicht wieder, liefen weiter und irrten auf einem schmalen Felsenband hoch über dem Abgrund umher, bis ich sie schließlich fand. Ihre Hilferufe konnten durch das Rauschen der Wasserfälle nicht gehört werden, und die dichte Macchia verhinderte einen Blickkontakt. Zum Glück hatten die Kinder keinen eigenmächtigen Abstiegsversuch an falscher Stelle unternommen. Als die Jugendlichen an einem weiteren Engpass endlich haltmachten, mussten wir eine lange Zeit sorgenvoll warten, bis alle Teilnehmer wieder gesund beisammen waren.

Wandergruppen in unübersichtlichem oder gar gefährlichem Gelände sollten so klein sein, dass jeder jeden kennt und volles Verantwortungsgefühl für die ganze Gruppe empfindet. Dazu gehört auch, dass die schnellen, kräftigen Jugendlichen einer Gruppe den langsameren älteren Erwachsenen und den jüngeren Kindern nicht davonlaufen!

6. Selbst wenn ein Gelände nicht lebensgefährlich ist, kann in einem unzugänglichen Gebiet schon ein verknackster Fuß zu großen Problemen führen. Das zeigte ein Unfall in der Schlucht des Wasserfalles Piscia di Gallo, obwohl diese Schlucht damals nur ca.45 min. von der Straße entfernt war. Da sich dieser Unfall in Südkorsika ereignete, habe ich ihn in dem Kapitel „Piscia di Gallo" am Ende des Teiles „Allgemeines" beschrieben.

Hinweise zu den Wanderskizzen

Für die Wanderskizzen benutze ich überwiegend die üblichen Kartenzeichen, die in der „Erklärung der Wanderskizzen" dargestellt sind, wobei ich die kartenmäßige Eingliederung der Symbole für aufschlussreicher halte als die in einer Tabelle. Einige Zeichen habe ich mir aber selbst ausgedacht, die trotz ihrer Unauffälligkeit eine wichtige Hilfe sein können.

Das Ausrufezeichen weist auf Orte hin, an denen man sich leicht verlaufen kann, wo also eine erhöhte Aufmerksamkeit nötig ist. Oft gilt das Merkzeichen nur für den Rückweg, dass man sich z.b. schon beim Aufstieg eine Abstiegsstelle gut merken oder mit Steinen kennzeichnen sollte, damit man sie auch bei evtl. Nebel wiederfindet.

Das Fragezeichen weist auf schwierige Kletterstellen hin, bei denen sich die Eltern überlegen sollten, ob diese dem Alter und dem Können ihrer Kinder angemessen sind.

Nur der jeweils gestrichelt gezeichnete Wanderweg zeigt die genau beschriebene Tour; gepunktete Linien kennzeichnen andere Wanderwege. Ein Pfeil auf dem Wanderweg zeigt in Pfeilrichtung ein stärkeres Gefälle an, wie das Wasser fließt, gegen Pfeilrichtung also einen steilen Anstieg. Die Pfeile sind demnach keine Richtungszeichen für die Wanderung!

Ein dicker Strich quer zum Wanderweg zeigt eine Steilstufe; ein dicker Strich quer zu einem Fluss bedeutet eine Kaskade. Felsen, die durch ihre besondere Form auffallen, sind bei manchen Touren ein wichtiger Hinweis auf den richtigen Weg. Deshalb habe ich solche Felsen mit einem eigenen Zeichen als „typischer Felsen" dargestellt.

Das Zeichen R. weist auf die schönsten Rastplätze hin, die oft in Verbindung mit einem Badebecken am Fluss oder Bach oder mit einem schönen Aussichtspunkt stehen. Diese Zeichen werden nicht verwendet, wenn z.B. auf einem Berggipfel eine Rast und eine gute Aussicht selbstverständlich sind.

Erklärung der Wanderskizzen

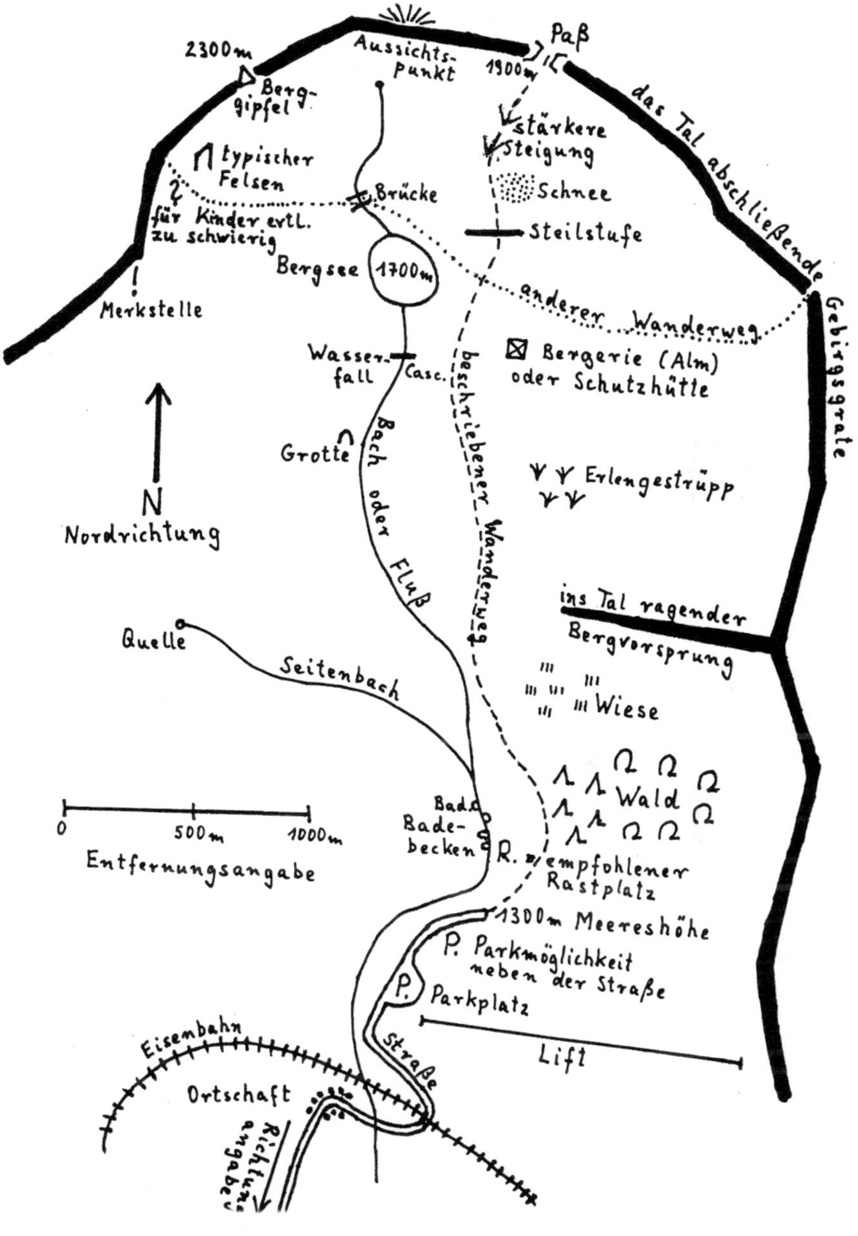

2300m

Paß
1900m

Aussichts-punkt

Berg-gipfel

das Tal abschließende

stärkere Steigung

typischer Felsen

Brücke

Schnee

für Kinder evtl. zu schwierig

Steilstufe

Bergsee (1700m)

anderer Wanderweg

Gebirgsgrate

Merkstelle

Wasser-fall

Casc.

Bergerie (Alm) oder Schutzhütte

N

Grotte

beschriebener Wanderweg

Bach oder Fluß

Erlengestrüpp

Nordrichtung

Quelle

Seitenbach

ins Tal ragender Bergvorsprung

Wiese

Wald

0   500m   1000m

Entfernungsangabe

Badd
Bade-becken

R.

empfohlener Rastplatz

1300m Meereshöhe

P. Parkmöglichkeit neben der Straße

P. Parkplatz

Eisenbahn

Straße

Lift

Ortschaft

Richtungsangabe

17

Punta di u Diamante

Art:	Gratwanderung und leichte Kletterei	Bergbesteigung
Alter:	ab 8 Jahre, als Gratwand. ab 5 Jahre	ab 14 Jahre
Zeit:	2 x 2 Stunden	2 x 2½ Stunden
Steigung:	ca.200m bis auf ca.1180m	ca.250m auf 1227m

Allgemeines

Die Punta di u Diamante ist ein 1227 m hoher, steiler Felsberg, dessen Besteigung nicht leicht ist. Man sieht es schon von weitem, wenn man auf der Straße von Ospedale nach Zonza fährt und dabei dicht an dem Diamante vorbeikommt: Steil wie eine riesige Glocke ragt der Berg empor, mit senkrecht abfallenden Wänden. In der Gipfelregion gibt es schwierigere Kletterstellen der Stufe 2, die zum Teil nicht ganz ungefährlich sind. Deshalb sollten Eltern nur mit älteren Kindern oder mit Jugendlichen eine Gipfelbesteigung planen.

Blick auf den Gipfelblock des Diamante von der Straße aus. Rechts vom Gipfel befindet sich ein großer Felsen, der mit anderen Felsen ein großes Loch bildet. Zu diesem Felsentor kann man von der anderen Seite ohne große Schwierigkeiten aufsteigen.

Dennoch beschreibe ich diese Bergregion auch für Familien mit jüngeren Kindern als eine herrliche Bergwanderung mit leichten Klettereien, die vor allem die Kinder begeistern werden. Wichtig ist nicht der Gipfel, sondern das Vorfeld des Berges und seine unteren Hänge, eine fantastische Märchenlandschaft aus bizarren Felsformationen, die sich von der Passhöhe Bocca d'Illarata bis zum Diamante erstreckt. Diese Tour ist so schön, dass wir sie sehr oft durchwandert haben.

Wenn man auf die Klettereien am Diamante verzichtet und nur bis zum Fuß des Gipfelblocks wandert, können sogar Kleinkinder an der Gratwanderung teilnehmen. Es wäre auch möglich, dass ein Teil der Familie mit den Kindern vor dem Gipfelblock eine längere Rast macht, während Erwachsene und Jugendliche den Gipfel besteigen.

An sich würde ich mich in die Felslandschaft des langgestreckten Vorfeldes des Diamante mit Kindern kaum hineinwagen in der Sorge, dass wir uns in dem Felsengelände festlaufen. Aber von der Passhöhe aus führt eine gute Wegbezeichnung durch Steinmänner den ganzen Grat entlang um alle steilen Felsen herum und durch Schluchten hindurch, dass man ohne Gefahr des Verlaufens durch die schönsten Gebiete geführt wird.

Beginn der Wanderung zum Diamante auf dem Grat zwischen Felsen und Grasland mit Bäumen. Der Pfad führt zwischen dem mittleren und dem linken Felsen durch eine kleine Schlucht aufwärts.

Es gibt auch einen direkten Aufstieg von der sogenannten „Banditenquelle" vom Fuß des Diamante aus. Das ist ein Aufstieg für Gipfelstürmer, die möglichst rasch oben sein wollen. Diesen Einstieg möchte ich für Wanderer mit Kindern nicht empfehlen; denn er führt zu Beginn schlecht gekennzeichnet und mühsam durch dichte Macchia, geht recht steil nach oben und führt direkt an das Gipfelmassiv, dass man den schönsten Teil der Bergwanderung nicht erlebt.

Doch auch der Gipfelblock bietet an seinen ungefährlichen unteren Hängen herrliche Klettermöglichkeiten in einer verzauberten Felsregion, mit Türmen, Figuren und Gesichtern, und im unteren Bereich meist eingebettet in ein frisches Grün. Das alles ist so schön und auch für Kinder interessant, dass das evtl. Fehlen der Gipfelbesteigung unwichtig wird.

Tourenbeschreibung

Die Anfahrt erfolgt in jedem Fall von der Ostküstenstraße Bastia-Bonifacio aus; denn eine Fahrt von der Westküste durchs Gebirge auf schmalen Straßen würde mit Sicherheit viel länger dauern als ein Umweg über diese Hauptstraße.

Von Bonifacio aus fährt man durch Porto-Vecchio und biegt auf der großen Kreuzung am Ortsausgang nach links in nordwestlicher Richtung auf die RF 11 nach Ospedale ab. Von Bastia kommend kann man den spitzen Winkel bei Porto-Vecchio abkürzen, indem man kurz nach der Überquerung des Osu-Flusses nach rechts auf die D 559 in Richtung Arraggio abbiegt. Diese landschaftlich schöne und nur wenig befahrene Straße erreicht bei dem kleinen Ort Palavese die Hauptstraße RF 11, die man nach rechts in Richtung Ospedale einbiegt.

Hinter Ospedale fährt man in Richtung Zonza an dem neuen Stausee vorbei und sieht bald danach zur linken Seite den Diamante als steilen Felsenberg aufragen. Man fährt an dem Berg vorbei, bis man den höchsten Punkt der Straße an der Bocca d'Illarata erreicht. Ca. 50 m vor der Passhöhe, von Ospedale kommend, befindet sich an der linken Seite eine Ausbuchtung der Straße mit mehreren Parkplätzen.

Der Aufstieg zum Felsentor links oben erfolgt weglos in dem begrünten Bereich. Beim weiteren Aufstieg zum Gipfel klettert man auf einem Felsenband, das unterhalb des Gipfels zu erkennen ist, nach rechts steil empor.

Die Wanderung beginnt auch nicht am Pass, wo hohe Felsen den Einstieg verwehren, sondern direkt am Parkplatz. Man wandert auf Pfadspuren schräg in Richtung Diamante auf den Grat zu, der sich von der Bocca d'Illarata bis zum Diamante langsam aufsteigend hinzieht.

Schon nach kurzer Zeit stößt man auf eine Reihe von Steinmännern, die vom Pass bis zum Berg den Grat entlangführen. Dabei wird der eigentliche Grat des breiten Höhenrückens natürlich fast immer von steilen Felskämmen gebildet, die umgangen werden. Der gekennzeichnete Pfad führt vor dem Felsengrat entlang und später in einen Taleinschnitt zwischen zwei hohen Felsgraten, wo die Wildheit der Felsen und die Schönheit der Landschaft am stärksten sind.

Die letzten Meter Kletterei beim Aufstieg zum Felsentor.

Der Steinmänner-Pfad bleibt stets angenehm und ungefährlich, solange er nicht zu Felskletterein verlassen wird. Nachdem man den Taleinschnitt am oberen Ende verlassen hat, wandert man für kurze Zeit direkt auf dem Grat über breite Felsplatten hinweg

Beim Beginn des Aufstiegs zum Gipfel kreuzt eine andere Klettergruppe unseren Weg.

21

Kletterpartie beim Aufstieg zum Gipfel.

und hält sich dann links von dem wieder steiler ansteigenden Grat an der Seite zur Straße hin.

Nun sieht man den Diamante schon vor sich und in halber Höhe an der linken Seite des Gipfelblocks ein Felsenloch, das durch aufeinandergetürmte Felsblöcke gebildet wird. Dieses Felsentor zeigt den späteren Anstieg zum Gipfel des Diamante.

Kurz danach sieht man von links unten den gleichfalls durch Steinmänner gekennzeichneten Pfad aufsteigen und einmünden, der den direkten Aufstieg von der Banditenquelle aus ermöglicht.

Nach der Umgehung mehrerer hoher Felsen führt der Weg nach rechts wieder auf den Grat zu, zuerst durch ein kleines Wäldchen, dann über schräge Felsplatten aufsteigend, bis man zuletzt auf einem breiten Felsplateau ankommt, von dem aus man in einer beeindruckenden Felslandschaft den Gipfelblock des Diamante direkt vor sich hat.

Hier teilen sich die gekennzeichneten Pfade: In einer steilen, mit Gebüsch und Kraut bewachsenen Rinne links vom Gipfelblock zieht sich der eine Pfad bis zu dem genannten Felsentor nach oben. Der zweite Pfad erstreckt sich in einem steilen Taleinschnitt zwischen dem Gipfelblock links und hohen Felsausläufern rechts.

Nun beginnt die eigentliche Kletterei. Wenn wir den linken Pfad zum Felsentor wählen, steigen wir etwas mühsam, aber ohne Gefahr die Rinne empor. Nur an einer Stelle nähert sich der Pfad dem seitlichen Abgrund, dass eine gute Wegdisziplin erforderlich ist.

Ca. 50 m vor dem Felsentor weisen die Steinmänner nach rechts zum Gipfel. Eine schräge Felsplatte ist mühsam, aber noch ohne Gefahr zu bewältigen. Danach quält man sich in einem engen Spalt unter einem überhängenden Felsen nach oben, bis man eine kleine Plattform erreicht, die in Höhe des

Felsentores diesem gegenüberliegt.

Hinter der Plattform quert der durch Steinmänner gekennzeichnete Pfad eine schräge Felsplatte und führt danach in einem Rechtsbogen nach oben. Diese schräge Felsplatte ist an einem Riss entlang eigentlich nicht schwierig zu begehen; aber wenn man ausrutscht, droht ein Absturz in den seitlichen Abgrund. Deshalb war für mich bei der ersten Erkundung an dieser Stelle der Schlusspunkt für Bergwanderer mit Kindern.

Bei der zweiten Tour sahen wir eine Möglichkeit, den Weg über die schräge Felsplatte zu vermeiden, indem wir von der kleinen Plattform aus direkt den Felsen hochstiegen, zwar steil, aber mit guten Griffen und nicht mehr mit Sturzgefahr in den Abgrund, bis wir kurz darauf den Pfad wieder erreichten.

Rast unserer Wandergruppe vor dem Felsentor.

Den Pfad entlang stiegen wir ohne weitere Probleme nach oben, bis wir zu einer Scharte kamen. Hinter dieser Scharte ging es einige m bergab, und wir sahen, dass wir uns jetzt am oberen Rand des steilen Taleinschnitts zwischen dem Gipfelblock und seinem Seitengipfel befanden.

An dieser Stelle ist man bereits direkt unter dem Gipfel, von dessen rundköpfigen Plateau man nur noch durch eine ca. 3 m hohe Steilstufe getrennt ist. Diese kann man mit Mühe überwinden, wenn man einen schrägen Felsen nach oben kriecht, der von einem Felsen des Gipfelplateaus überdacht ist.

Das Problem ist nur, dass der schräge Spalt, den man hochkriecht, nach oben immer enger wird, bis man zuletzt nur noch ein Bein im Spalt hat, um sich vor dem seitlichen Abrutschen zu schützen. Am Ende muss man ganz aus dem Spalt und sich auf dessen überhängende Deckplatte hochstemmen. Am besten überwindet der beste Kletterer der Gruppe diese Steilstufe als erster und hilft den anderen mit dem Seil, ohne Abrutschgefahr die Deckplatte zu erreichen.

Nach diesem letzten Hindernis geht man wenige m den runden Gipfelkopf empor, bis man die höchste Stelle des Gipfelplateaus erreicht hat, auf dem man sich ungefährdet bewegen kann, wenn man seinen steilen Rändern fernbleibt.

Wer wegen dieser Schwierigkeiten lieber auf den Gipfel verzichten möchte, sollte sich das interessante Felsentor als Zielpunkt wählen. Man kommt zwar nur schwierig direkt in das Loch hinein; aber auch vor dem Tor kann man in kühlem Schatten eine gute Gipfelersatzrast machen. Es kann auch ein Teil der Gruppe mit den Kindern dort rasten, während Erwachsene und Jugendliche den kurzen Abstecher zum Gipfel unternehmen.

Bei einsetzendem Regen sollte man auf die Bergbesteigung und auch auf das Klettern am Gipfelblock verzichten, da viele Felsen auch im unteren Bereich des Gipfelblockes mit Flechten bewachsen sind und bei Nässe rutschig werden. Andererseits sollte man diese Tour auch nicht während einer Hitzeperiode machen, da der Aufstieg in einer Höhe zwischen 991 m und 1227 m noch im Grenzbereich zwischen der heißen Luft der Niederung und dem erfrischenden Bergklima über 1000 m liegt.

Uns hat bei der ersten Tour der Verzicht auf den Gipfel nicht allzu sehr enttäuscht, im Gegenteil, die Kletterei in dieser herrlichen Landschaft hat uns so begeistert, dass wir auch einen zweiten Aufstieg noch probierten, der in dem Taleinschnitt nach oben führt. Auch hier kommen Familien mit Kindern bald an eine Grenze, da das Tal in der oberen Hälfte von großen Felsblöcken versperrt ist.

Doch auch hier liegt der Hauptspaß in der Kletterei und in den Abstechern, die man machen kann, z.B. durch eine schmale Felsspalte in halber Höhe nach rechts in den Bereich der seitlichen Felsausläufer, wo man noch etwas hochklettern kann und dann fantastische Felsformen direkt in der Nähe und eine sehr schöne Landschaft in der Ferne bewundern kann.

Punta di u Diamante
und Monte Calva

1 km

N

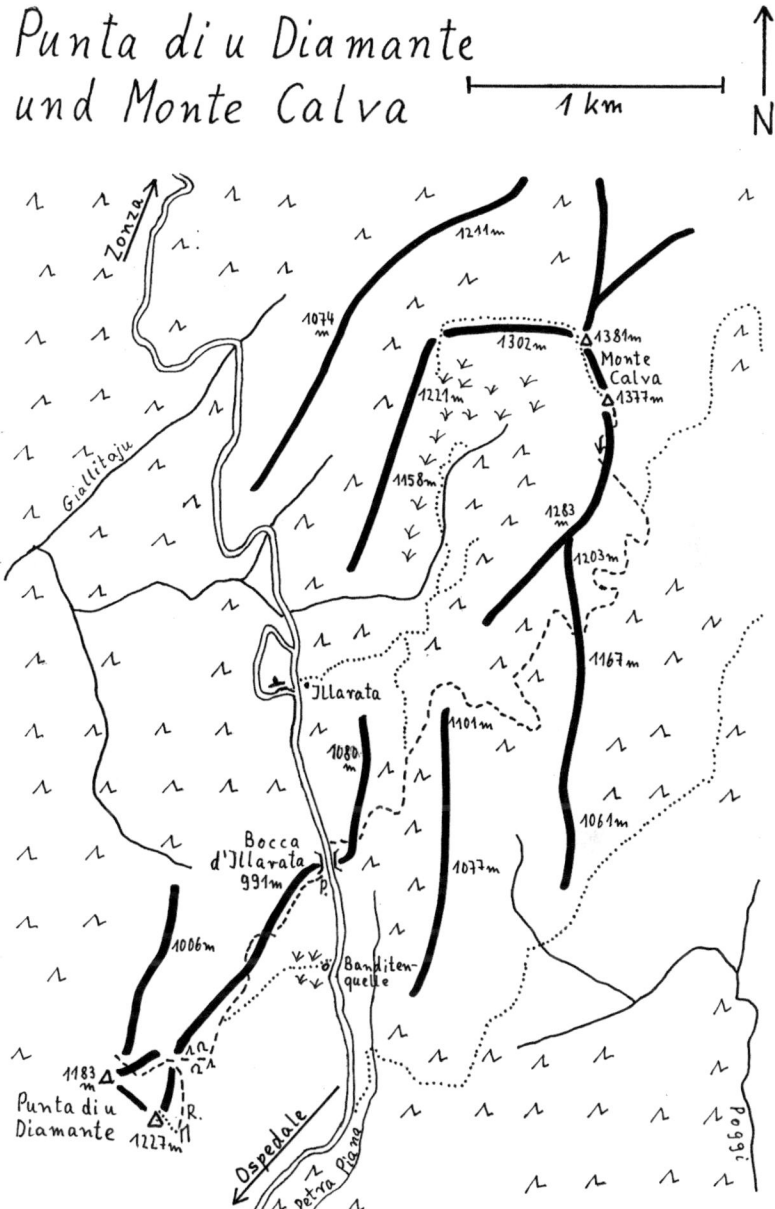

Zonza

1211m

1074m

1302m

△1381m
Monte
Calva
△1377m

1221m

Giallitaju

1158m

1283m

1203m

1167m

•Illarata

1101m

1080m

1061m

Bocca
d'Illarata
991m

1077m

1006m

Banditen-
quelle

1183 △
Punta di u
Diamante

△ IR.
1227m

Ospedale

petra Piana

Poggi

Monte Calva

Art:	Bergbesteigung
Alter:	ab 6 Jahre
Zeit:	2 x 2 Stunden
Steigung:	386 m bis auf 1377 m

Allgemeines

Der Calva ist ein sehr leicht zu besteigender Berg. Die meiste Zeit wandert man auf einem bequemen Forstweg, der zuerst nur gering und später auch nur mäßig ansteigt. Nur das letzte Drittel der Wegstrecke geht es auf einem durch Steinmänner gekennzeichneten Pfad steiler empor.

Beim fast schattenlosen Aufstieg zum Mt. Calva hat man bei klarer Sicht einen weiten Blick bis aufs Meer.

Bei den meisten Bergbesteigungen muss man bis zum Gipfel warten, bis man einen schönen Rundblick hat. Aber beim Calva hat man schon auf dem größten Teil des Anstiegs einen wunderschönen Blick auf die Landschaft nach Süden, Osten und Westen, da der Weg nicht im Tal, sondern an einem Hang hochsteigt.

Zu dem beeindruckenden Fernblick auf den Stausee vor Ospedale, auf den benachbarten Felsenberg Diamante und bei guter Sicht bis aufs Meer hat man

26

außerdem als Vordergrund viele bizarre Felsen. Vom Gipfel aus kommt der herrliche Blick auf die hohen Felsentürme am Bavellapass hinzu, besonders interessant, wenn man dort die Wanderziele früherer Touren wiedererkennt.

Der Aufstieg zum Gipfel ist trotz der umgebenden Felsen auch für Kinder ungefährlich; der Gipfel selbst bildet einen abgeflachten, runden Kopf. An sich könnte der Berg auch von Kleinkindern bestiegen werden. Aber die Länge des Weges und die Anstrengung des Aufstiegs in der Hitze bei sonnigem, windstillem Wetter verlangt ein gewisses Durchhaltevermögen; denn der offene Weg bietet wenig Schatten.

Alles in allem: Eine leichte, bei nicht allzu großer Hitze auch sehr angenehme und lohnende Bergbesteigung in schöner Landschaft mit herrlichen Ausblicken.

Tourenbeschreibung

Der Ausgangspunkt zu dieser Bergwanderung ist die Passhöhe vom Bocca d'Illarata zwischen Porto-Vecchio und Zonza, der gleiche Beginn wie zur Wanderung zum Diamante. Die Beschreibung der Anfahrt ist deshalb die gleiche wie zum Diamante im vorigen Kapitel.

Wenn man von Ospedale kommt, zweigt unmittelbar hinter der Passhöhe ein Forstweg nach rechts ab. Er umwandert ein steil aufragendes Felsmassiv in einem Bogen nach links und gabelt sich nach ca. 700 m. Wir wählen den

Der Gipfel des Monte Calva ist erreicht. Im Hintergrund rechts sieht man die Berge der Südgruppe vom Bavella.

rechten Weg, der sich nach ca. 200 m nach Osten wendet. Von hier aus kann man den ganzen Berg mit seinem Gipfelblock gut überblicken. Später steigt der Forstweg in vielen Windungen in nordöstlicher Richtung den Hang des Calva empor.

Wenn man ungefähr eine gute Stunde gewandert ist, findet man den Pfad zum Gipfel in Höhe von ca. 1230 m, wo große Steinmänner die Abzweigung nach links kennzeichnen. Von dort aus führt der Pfad ohne Kletterei zwischen zwei Felsmassiven hindurch und dann etwas steiler einen bewachsenen Berghang empor, wobei ein Verirren wegen guter Steinmannmarkierung kaum möglich ist.

Wanderung in der Felsenregion kurz vor dem Gipfel.

Nach Besteigung dieses Hanges ist ein Vorgipfel des Calva, der nach links steil abfällt, bald zu sehen. Den eigentlichen, flach abgeplatteten Gipfel sieht man erst kurz vor dem Ziel. Am Gipfelkreuz kann man gut lagern und ohne Gefahr umherstreifen, da nur der Vorgipfel eine senkrechte Felswand hat.

Ca. 300 m weiter nördlich befindet sich der zweite Gipfel des Calva, durch einen flachen Sattel mit dem ersten verbunden und noch 4 m höher.

Wasserfall Piscia di Gallo

Art:	Wanderung	Abstieg in die Schlucht
Alter:	ab 5 Jahre	ab 8 Jahren
Zeit:	2 x 1 bis 1 ½ Stunden	2 x 2 Stunden
Steigung:	ca.100m	ca. 150m

Allgemeines

Korsika bietet unzählige wunderschöne Bergwanderungen. Doch merkwürdigerweise konzentrieren sich die meisten Touristen vorwiegend auf drei Sehenswürdigkeiten: Piscia di Gallo im Süden, Trou de la Bombe im Bavellagebiet und Lac de Melo im Rotondogebiet.

Ansonsten wird nur noch der GR 20 von einigen Gruppen durchwandert, und natürlich sind fast alle Flüsse mit Badebecken total überfüllt. Aber auf den meisten anderen Bergwanderungen trifft man nur wenige Menschen.

Auf das große Interesse am Piscia di Gallo haben die zuständigen Entscheidungsträger auf Korsika reagiert. Früher war der Zugang zu dem herrlichen Felsgebiet auf einem kurzen Waldweg in ca. 15 min zu erreichen; ein kleiner Parkplatz mit einem Imbissstand dicht bei reichte damals aus.

Heute ist dieser Parkplatz geschlossen, und man hat zusätzlich einen neuen Wanderweg geschaffen, der statt bisher nur 15 min jetzt die dreifache Zeit bis zum Beginn der Felslandschaft benötigt. Ein sehr großer Parkplatz und Imbissmöglichkeiten wurden errichtet.

Aber warum sollte man nun einen dreifach längeren Weg zum Felsengebiet in Kauf nehmen? Für eilige Wanderer wer-

29

de ich auch den kürzeren Zugang beschreiben. Doch es lohnt sich sehr, den längeren Weg zu wählen, weil er viele zusätzliche Naturschönheiten zeigt.

Vor allem bietet schon bei der Ankunft der imposante steile Felsenberg Punta di u Diamante ein herrliches Fotomotiv aus nächster Nähe, und auch auf dem

ersten Teil der Wanderung kann man ihn bewundern. Der Weg ist leicht zu begehen und zeigt schöne Ausblicke auf einen Bach mit kleinen Teichen. Auf der zweiten Hälfte führt der Weg durch einen schönen lichten Wald, bis er auf die Felsregion trifft.

Die folgende Tour zum Piscia di Gallo ist eine der schönsten Wanderungen auf Korsika. Sie ist leicht, kurz, ohne große Steigungen, sehr abwechslungsreich in bezaubernder Landschaft und relativ bequem, bis auf die letzte Kletterei, die man benötigt um einen Blick auf den Wasserfall und auf die darunter liegende Schlucht zu werfen. Die Tour führt nach der Waldwanderung durch offenes Gelände mit einzelnen Bäumen und Sträuchern zwischen Felsen und bietet auch einen Blick in ein wunderschö-

An einer Felswand entlang steigt man ab nes Hochtal.
bis zum Aussichtspunkt zum Wasserfall.

Durch dieses Hochtal fließt ein Bach, der zum Schluss durch eine schmale Felsspalte ca. 50 m tief in eine enge, fast senkrechte Schlucht fällt.

Wenn man den Wasserfall aus halber Höhe gesehen hat, empfiehlt es sich, auf dem Rückweg noch in das schöne Hochtal abzusteigen und am Rande des Baches eine Pause einzulegen.

Die beschriebene Tour ist keineswegs einsam; aber der breite Wanderweg durch den Wald bietet Platz genug, um bei Fotostopps eiligere Menschengruppen vorbei zu lassen. Erst kurz vor dem Blick auf den Wasserfall drängen sich die Menschenmassen etwas unangenehm, zumal dort der Abstieg doch etwas steil ist.

Auch am Bach im Hochtal vor dem Wasserfall ist man nicht allein, und viele Kinder tummeln sich dort und klettern auf den Steinen im Bach umher. Doch einige m oberhalb des Baches findet man Sitzgelegenheiten mit einem schö-

nen Blick auf den Bach. Man kann den Bach auch leicht überqueren und auf der anderen Seite auf einem Felsplateau noch eine Weile den Bach entlanggehen.

Die obige Beschreibung der Wandertouren ist für den Normaltouristen gedacht. Doch für abenteuerlustige Personen empfiehlt sich ein Abstieg bis ganz nach unten in die Schlucht unterhalb des Wasserfalles.

Das lohnt sich nicht, wenn man nur von unten ein Foto der gesamten Kaskade machen will; aber wenn man bereit ist, das Wasserbecken der Schlucht zu durchschwimmen, kommt man am Ausgang der Schlucht zu einem breiten Felsplateau mit einem herrlichen Blick auf die Landschaft unterhalb der Schlucht, und das Schönste ist, dass man dort meist vollkommen allein ist, und dass das Felsplateau

Nach dem Blick auf den Wasserfall lohnt sich ein kurzer Abstieg in das obere Flusstal für eine schöne Pause.

von oben nicht einzusehen ist.

Dieser abenteuerliche Abstecher ist deshalb so unbekannt, weil er bisher nur in unseren Büchern beschrieben wurde. Unsere Familie entdeckte diese Schlucht, als der Wasserfall wegen einer Trockenheit nur so wenig Wasser führte, dass er seinem Namen: „Hahnenpiss" Ehre machte. So kamen wir trocken an Felsen vorbei bis an das Wasserbecken, wo wir uns auszogen und durch das Becken schwammen.

Auf einer späteren Tour mit Freunden führte die Kaskade sehr viel Wasser, wodurch in der Schlucht alles nass war, weil ein Sprühregen die Felsen bedeckte, und unsere Freunde wollten sogleich wieder umkehren; aber als sie sahen, wie wir uns für das Durchschwimmen des Beckens auszogen, taten sie es auch, und auf dem Felsplateau, das ca. 8 bis 10 Personen gemütlich Platz bietet, waren sie dann genauso begeistert wie wir; denn dieser Felsenbereich ist immer trocken und in der ersten Tageshälfte fast immer sonnig, und in der totalen Einsamkeit brauchten wir nicht einmal Badekleidung.

Der Abstieg in die Schlucht ist auch für Kinder geeignet. Nur der letzte Teil

ist recht steil, dass Erwachsene jüngeren Kindern Hilfestellung geben müssen. Beim Überqueren des Wasserbeckens sollten kleinere Kinder Schwimmringe tragen.

Am besten ist es, wenn man eine Luftmatratze oder ein kleines Schlauchboot mit auf die Wanderung nimmt und diese in der Schlucht aufpustet. Dann kann man auch ohne Bedenken Kleidung, Lebensmittel und Fotoapparate mit hinübernehmen, und da das Wasser recht kalt ist, können kleine Kinder auch auf der Luftmatratze oder im Boot transportiert werden. Das Ganze ist ein lustiges, erfrischendes Vergnügen. Unser jüngster Sohn, damals erst 5 Jahre alt, hatte danach den Spaß, in dem kleinen Boot auf dem Wasserbecken umherzufahren.

Vor dem Durchschwimmen des Wasserbeckens pusteten wir ein kleines Schlauchboot auf, um Kleidung und Kameras trocken zur Felsempore zu bringen. Danach nutzte unser jüngster Sohn das Boot zum Umherpaddeln.

Von dem Felsplateau aus hat man auch einen herrlichen Rückblick auf den Wasserfall in seiner vollen Länge und auf die gesamte, nur ca. 30 x 30 m große, aber sehr hohe Schlucht, und nach vorn schaut man auf die weite, wilde Berglandschaft mit bizarren Felsspitzen, die auf der rechten Seite wie eine mittelalterliche Burg aussehen.

Es ist empfehlenswert, diese Tour am Vormittag zu unternehmen, da in dieser engen Schlucht die Sonne bereits am frühen Nachmittag verschwindet.

Doch man sollte sich nicht mit dem Ausruhen und Sonnen auf dem Felsplateau begnügen. Es lohnt sich, einen kleinen Abstecher in Richtung des Tals hinein zu machen. Dann hat man nach einiger Zeit einen Blick auf zwei Wasserfälle, einen kleineren im Vordergrund und den hohen Piscia di Gallo im Hintergrund.

Dieser zusätzliche Abstieg ist nicht allzu steil und eigentlich ungefährlich, doch sollten abenteuerliche Kinder nicht ohne Elternbegleitung dort hinabsteigen. Man kann nicht abstürzen, aber eine Fußverstauchung in dem löcherigen Felsboden ist dort immer möglich.

So ein Unfall geschah vor Jahren dem Mädchen einer Familie aus unserem Feriencamp. Ich beschreibe diesen Fall, um zu zeigen, wie schwierig eine

Hilfsaktion sein kann, auch wenn es sich nur um einen verstauchten Fuß handelt.

Ein ca. 13-jähriges Mädchen hatte allein und recht vorsichtig die Gegend unterhalb des Felsplateaus erkundet, und als es zurückkam, wollte es auch den Eltern diese schönen Ausblicke zeigen. Doch vor lauter Begeisterung achtete das Mädchen diesmal nicht genug auf die Felsspalten, rutschte in ein Felsenloch und verdrehte sich dabei den Fuß so sehr, dass es nicht mehr auftreten konnte.

Da das Mädchen schon groß, voll entwickelt und nicht schlank war, konnte es auch mit Hilfe der Eltern nicht den steilen Aufstieg die Schlucht hoch und dann bis zur Straße hin schaffen. Eine professionelle Hilfeleistung war nötig.

Das dauerte nun viele Stunden. Die Mutter blieb bei dem Kind, und der Vater ging allein zum Auto und fuhr nach Ospedale. Dort telefonierte er mit einer Rettungsstation in Porto Vecchio und bat um einen Rettungshubschrauber.

Doch so eine teure Rettungsaktion erfolgt nicht ohne vorherige Prüfung der Notwendigkeit. Zwei Polizisten fuhren nach einiger Zeit nach oben zum Parkplatz und stiegen mit dem Vater zur Schlucht hinunter. Dann gingen sie in voller Uniform bis zum Hals durch das Wasserbecken zu dem Mädchen, un-

Das Felsplateau bietet einer Gruppe bis zu 8 Personen bequeme Ruheplätze. Hinter dem Bach schützt eine hohe Felswand vor den Blicken anderer Touristen.

tersuchten es und bestätigten die Meinung des Vaters, dass eine Hilfe nur mit einem Hubschrauber möglich sei. Sie gingen zurück zu ihrem Wagen und telefonierten dort mit der Rettungsstation und empfahlen einen Hubschraubereinsatz.

Wieder dauerte es eine lange Zeit, bis der Hubschrauber erschien und hoch über der Schlucht in der Luft stehen blieb; denn für eine Landung war die Schlucht zu eng. An einem langen Seil wurde ein Sitz hinabgelassen, und die zurückgekehrten Polizisten setzten das Mädchen hinein und befestigten es am Sitz.

Nun wurde das Mädchen hochgezogen. Doch inzwischen hatte sich das Wetter verändert; ein starker Wind kündigte ein Unwetter an. Der Sitz mit dem Mädchen schwang beängstigend dicht an die Felsen heran, bis das Kind endlich im Hubschrauber geborgen war. Dann wurde es zu einem Krankenhaus geflogen.

Am nächsten Nachmittag war das Mädchen schon wieder bei seinen Eltern im Feriencamp. Die Verletzung war nicht so schwer, dass eine Operation nötig gewesen wäre. Das Kind trug einen Gipsverband um seinen verletzten Fuß und humpelte umher. Es bedauerte nur, dass es nicht baden durfte. Doch dieses Beispiel zeigt, dass auch eine geringe Verletzung mit Gehunfähigkeit einen stundenlangen und großen Aufwand zur Rettung aus der Wildnis erforderlich machen kann.

Tourenbeschreibung

Der Piscia di Gallo ist als Sehenswürdigkeit auf jeder guten Karte von Korsika eingetragen. Man erreicht den Ausgangspunkt, wenn man, von der Stadt Solenzara kommend, nordwestlich der Stadt Porto-Vecchio die Straße nach rechts in Richtung Ospedale / Zonza fährt.

Es gibt auch die Möglichkeit einer interessanten Abkürzung, wenn man ca. 6 km hinter St. Lucie de Porto-Vecchio bei Casone hinter der Überquerung des Osu-Flusses nach rechts in die schmale Straße D 559 in Richtung Arraggio fährt, die zuletzt bei Palavese in die Straße RF 11 nach Ospedale einmündet.

Vorher sieht man in dem Dorf Arraggio ein Hinweisschild, das nach rechts auf die ca. 30 bis 40 min. entfernte Bergfestung der Ureinwohner zeigt, ein Aufstieg am Hang, dessen Ziel recht lohnend ist, vor allem bei der Rückfahrt am Nachmittag, weil man dann neben der interessanten Ausgrabungsstätte mit der Abendsonne im Rücken einen weiten Blick über das Land bis aufs Meer hat. Auf der Rückfahrt findet man kurz vor dem Dorf auf der rechten Seite einen Parkplatz für die Besucher.

Die Straße nach Ospedale führt zunächst durch die Ebene und dann auf einer neu ausgebauten Fahrbahn in vielen Serpentinen das Gebirge hoch bis zum Dorf Ospedale am oberen Rand des Gebirges. Am Ortsausgang von Ospedale sollte man einen kurzen Halt machen, da man bei klarer Sicht von der Straße aus einen herrlichen Blick über die Bucht von Porto-Vecchio hat.

Nach ca. 2 km führt die Straße an einem idyllischen kleinen Stausee vorbei, der zu einer kurzen Rast einlädt. Ca. 700 m hinter dem Ende des Stausees erkennt man auf der rechten Seite vor einer leichten Linkskurve eine größere, bewaldete und ebene Fläche, auf der sich früher ein Parkplatz befand.

Wenn man es eilig hat oder den langen, offiziellen Wanderweg schon kennen gelernt hat, kann man hier am Straßenrand eine Parkmöglichkeit finden. Der frühere Parkplatz selbst ist abgesperrt.

Von diesem ehemaligen Parkplatz geht man auf der Straße ca. 100 m wieder zurück, bis nach links (vom Parkplatz aus) ein breiter Forstweg durch den Wald bergab führt. Diesem Weg folgen wir ca. 15 min, bis wir am Grunde des Tals zwei kleine, flache Bäche überqueren. An dieser Stelle kommt von links ein breiter Waldweg, der heute offizielle Wanderweg. Die weitere Beschreibung der Tour befindet sich in dem folgenden Bericht.

An dem neuen, sehr großen Parkplatz kann man nicht aus Versehen vorbeifahren. Ca. 2 ½ km hinter dem Stausee macht die Straße eine scharfe Rechtskurve, und man sieht vor sich auf der linken Seite den gewaltigen, steilen und glockenförmigen Berg Punta di u Diamante emporragen. Doch schon kurz hinter der Rechtskurve erblickt man auf der rechten Seite den Eingang zum Parkplatz.

Die Parkplatzgebühr betrug 2011 drei Euro. Trotz seiner Größe war der Parkplatz am Vormittag schon fast besetzt. Der Weg zum Wasserfall führt nach Süden zwischen zwei Restaurantgebäuden hindurch. Abseits des Weges stehen zwei Aborte, an denen man oft etwas warten muss.

Zu Beginn der Wanderung sieht man links am Weg eine große Tafel, auf der der Weg zum Wasserfall rot eingezeichnet ist. Diese Tafel sieht man auch an anderen Stellen, und mit einem Kreis ist der eigene Standpunkt eingezeichnet. Eine genaue Wegbeschreibung erübrigt sich hier, weil der richtige Weg mit zahlreichen Hinweisschildern gekennzeichnet ist.

Am Anfang ist der Weg manchmal recht steinig, und an einigen Stellen muss man etwas vorsichtig hinabsteigen, und große Felsen ragen links und rechts empor. Links vom Weg sieht man einen Bach, der sich an einigen Orten zu kleinen Tümpeln ausweitet. Insgesamt ist es eine schöne, idyllische Wanderung.

Nach ca. 15 min überquert man den Bach auf einer kleinen, hölzernen Brücke, und für eine kurze Zeit wandert man in einem offenen Gelände. Dort lohnt es sich, den Hang nach links hochzusteigen und dort eine kleine Pause einzulegen, weil man von dort einen sehr schönen Ausblick hat, vor allem in Richtung auf den majestätischen Berg Diamante.

Auf der linken Seite hat man einen überraschenden Tiefblick auf ein Wasserbecken inmitten von Felsen, total einsam gelegen. Auf dem Rückweg stiegen wir zu diesem Becken hinab, um zu prüfen, ob man dort in völliger Einsamkeit baden und rasten könnte. Aber aus der Nähe erkannten wir, dass es eher ein Tümpel war mit trübem Wasser, nur von hoch oben schön anzuschauen.

Die weitere Wanderung führt in einem großen Rechtsbogen durch einen schönen Wald, ein gemütlicher, beschaulicher Spaziergang meist leicht bergab. Endlich überqueren wir nach links einen flachen Bach und treffen auf den früheren kurzen Weg zum Wasserfall, der von rechts herunterkommt.

Der Weg ist an sonnigen Tagen sehr stark begangen; aber bis kurz vor der Stelle mit dem Blick auf den Wasserfall bietet der Weg genug Platz, wenn sich einzelne Wandergruppen überholen.

Nach der Überquerung des kleinen Baches wandern wir nach rechts und steigen für eine kurze Zeit bergauf. Schon nach wenigen m hört der Wald auf, und man steigt über Felsgestein einen langgezogenen Grat entlang, dem man auf einem deutlich sichtbaren Pfad etwas unterhalb der Grathöhe nach links folgt.

Man hat jetzt nach rechts einen schönen Blick auf ein Tal, ein mit einzelnen Bäumen und Büschen bestandenes Hochtal, auf dessen Grund man den Bach sieht, der zum Wasserfall fließt und zwischen zwei Felsen plötzlich verschwindet. Dort liegt der obere Teil des Wasserfalles, den wir in einem großen Bogen von links nach

Vor dieser Baumgruppe befindet sich am Rande der Schlucht eine Plattform, auf der eine kleine Gruppe abseits vom Trubel eine kleine Pause einlegen kann. Zugleich zeigt diese Baumgruppe nach rechts den Abstieg in die Schlucht.

rechts erreichen.

Wir bleiben auf dem Pfad rechts unterhalb vom Grat und kommen bald an einem Felsen vorbei, der wie ein großer Wackelstein luftig und weithin sichtbar an der Talseite des Weges steht. Kurz hinter dem Wackelstein führt ein schmaler Weg durch einen Wald in Serpentinen tief hinab. Aber wir halten uns rechts auf einem Pfad in Richtung auf einen großen, rechteckigen Felsen, der vor dem Abgrund zum tieferen Tal steht, ein Stück links vom oberen Teil des Wasserfalles.

An der linken Seite kann man sich unter den dort etwas überhängenden Felsen setzen, wo man vor dem kurzen, aber etwas anstrengenden Abstieg zum
Aussichtspunkt eine schattige Rast einlegen kann. Danach folgen wir dem
Pfad rechts vom Felsen, zwischen einer Felswand links und dem Wasserfall
rechts.

Dieser Pfad zum Aussichtspunkt ist recht steinig und führt nach einigen m
auch steil und mühsam bergab. Außerdem befindet man sich meist in einem
großen Gedränge vieler schaulustiger Touristen. Diese haben im Laufe der
Zeit den Weg mit seiner vorherigen Vegetation total ausgetreten, dass nur
noch große Felsstufen nachgeblieben sind.

*Bei der Kletterei in die Schlucht ist der
letzte Teil des Abstiegs recht steil und oft
rutschig.*

Der Pfad führt an der linken Felswand
bergab bis an den Rand der Schlucht.
Dort hat man, auf einem Felsenband
stehend, den besten Blick für einige
Fotos auf den Wasserfall in halber
Höhe direkt gegenüber. Doch ist dieser Standplatz ungesichert, und man
sollte sehr auf Kinder aufpassen, dass
sie in dem Gedränge dem Abgrund
nicht zu nahe kommen.

Einen ruhigeren und sichereren
Standplatz auch für eine kleine Aus-
ruhpause findet man, wenn man von
der Felswand nach rechts in Richtung
Wasserfall geht, bis man an einer
Baumgruppe eine kleine Plattform
findet, auf der sich eine Familie auf-
halten kann, und wo man zwischen
Bäumen auch einen guten Blick auf
die Kaskade hat.

Auf dem Rückweg sollte man nicht
versäumen, einen Abstecher in das
Hochtal oberhalb des Wasserfalles zu unternehmen, wo man eine angeneh-
mere Rast als in dem Trubel am Aussichtspunkt finden kann. Dazu geht man
an dem großen Wackelstein vorbei und findet ca. 100 m weiter einen schmalen Pfad, der ins Hochtal hinabführt. Dort kann man kurz oberhalb des Baches
einen schattigen Platz finden mit Blick auf den Bach und die dort spielenden
Kinder.

Wenn man eigene Kinder dabei hat, sollte man sie auf den Steinen vor dem
Wasserfall nicht alleine umherklettern lassen; denn wenn sie dort ins Was-

ser fallen, könnten sie bei Hochwasser leicht die Kaskade hinabgespült werden.

Wenn Sie nach dem Rückweg eine Rast machen wollen, ist das erste Restaurant links mit seinen Plätzen in der Sonne manchmal überfüllt. Das zweite Restaurant rechts war nicht so voll; der offene Sitzbereich ist überdacht und schattig. Man kann dort eine Mahlzeit einnehmen und auch das WC benutzen.

Ganz unten in der Schlucht zieht man sich aus und durchschwimmt das Wasserbecken nach rechts und zum Schluss nach links zu der flachen Felsempore rechts am Bildrand.

Dies war die Wegbeschreibung für den normalen Touristen, der sich mit einem Ausblick auf den Wasserfall von oben zufrieden gibt. Für abenteuerlustige Gruppen beschreibe ich nun den Abstieg in die Schlucht unterhalb des Wasserfalles und die Durchquerung der Schlucht.

Von der oben beschriebenen kleinen baumbestandenen Plattform mit Blick auf den oberen Teil des Wasserfalles steigen wir zwischen der Felswand rechts und dem Abgrund links weiter hinab.

Kurz vor dem Boden der Schlucht wird der pfadlose Abstieg recht steil und bei Feuchtigkeit durch den Wasserfall auch rutschig. Erwachsene sollten Kindern dabei eine Hilfestellung geben, jedoch geben Bäume und Felsen einen guten Halt. Kleinere Kinder werden von zwei Erwachsenen von Standplatz zu Standplatz gereicht oder mit einem Seil gesichert.

Blick über das kleine Wasserbecken auf die Felsplattform am Ausgang der Schlucht von Piscia di Gallo, wo man gut rasten kann. Von dort hat man einen weiten Blick ins Tal.

In der Schlucht beachtet man den Sprühregen durch die Kaskade nicht und geht direkt an der Felswand nach links vom Wasserfall weg zum hinteren Rand des Wasserbeckens. Dort legt man die Kleidung ab und schwimmt durch das kalte Becken zu einer Felsplattform links am Ausgang der Schlucht, die man vom Rand des Wasserbeckens aus nicht sehen kann, weil man nach links um eine Felsnase schwimmen muss, jedoch schwimmt man nur ca. 20 m.

Gepäck und kleine Kinder transportiert man am besten auf einer Luftmatratze oder in einem kleinen Schlauchboot. Kleine Kinder sollten zusätzlich mit Schwimmringen gesichert werden.

Man kann auch zuerst am rechten Rand des Wasserbeckens entlang waten und braucht das Becken dann nur ca. 5 m schwimmend zu durchqueren. Große Erwachsene können das Becken auch, bis zum Hals im Wasser stehend, durchwaten. Auf der Felsplattform kann man auf den glatten, warmen Steinen gut in der Sonne liegen und sich ausruhen.

Eltern mit kleineren Kindern werden auf diesem Plateau als Ziel zufrieden sein. Größere Kinder können unter Aufsicht von Erwachsenen, wenn der Bach nur wenig Wasser führt, noch ein gutes Stück aus der Schlucht den steilen, felsigen Abhang in Talrichtung hinab klettern.

Dazu überquert man am Ausgang der Schlucht den Bach von der Plattform nach links, klettert an der linken Hangseite einige m hinab und überquert über Felsblöcke den Bach wieder nach rechts. An der rechten Hangseite kann man den Abhang hinabklettern. Jedoch ist der Abstieg nicht ganz ungefährlich. Nach einem Regen oder bei viel Wasser im Bach sollte man diesen Abstecher lieber unterlassen.

Der Wackelstein rechts neben dem Weg auf dem Grat zum Piscia di Gallo. Rechts darunter das Hochtal, von dem der Wasserfall ausgeht. Die Wandergruppe ist auf dem Rückweg.

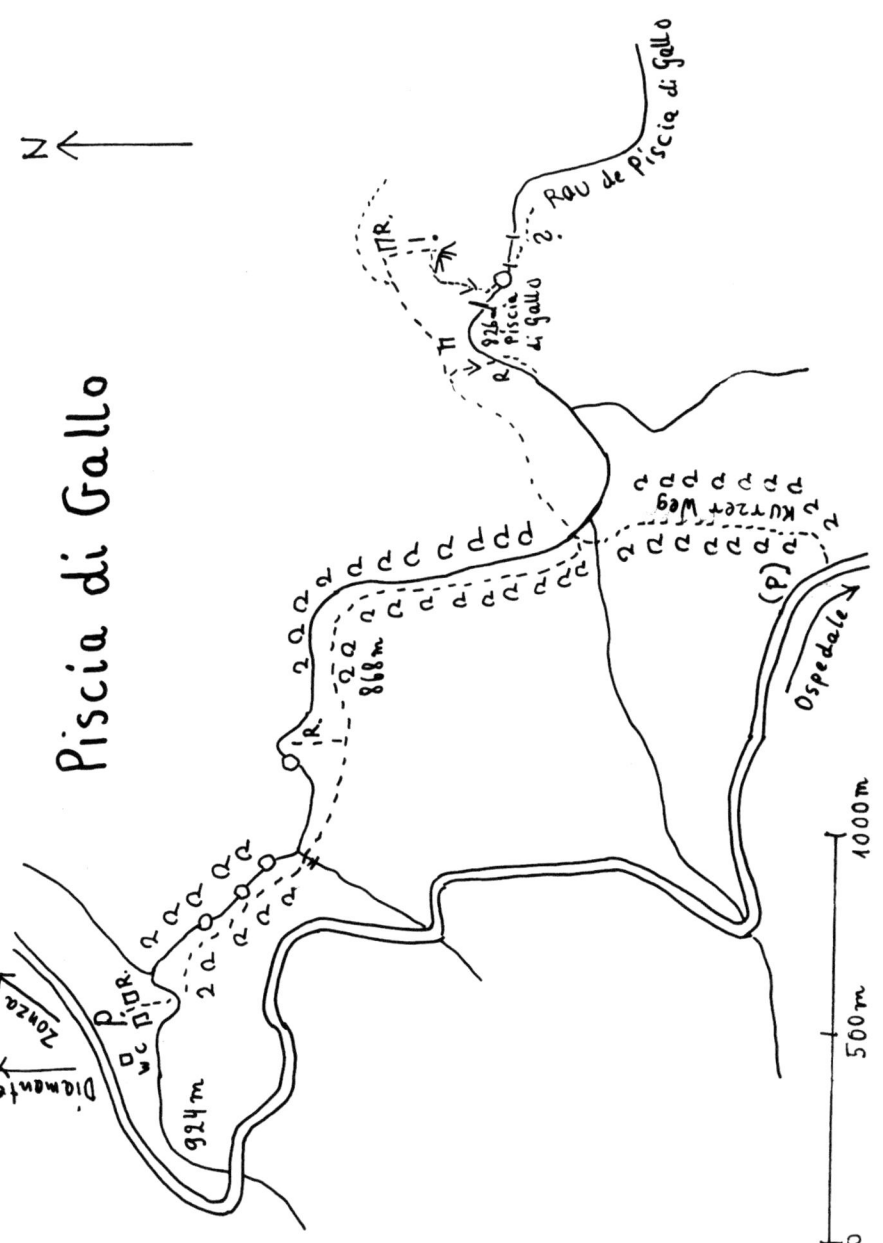

Piscia di Gallo

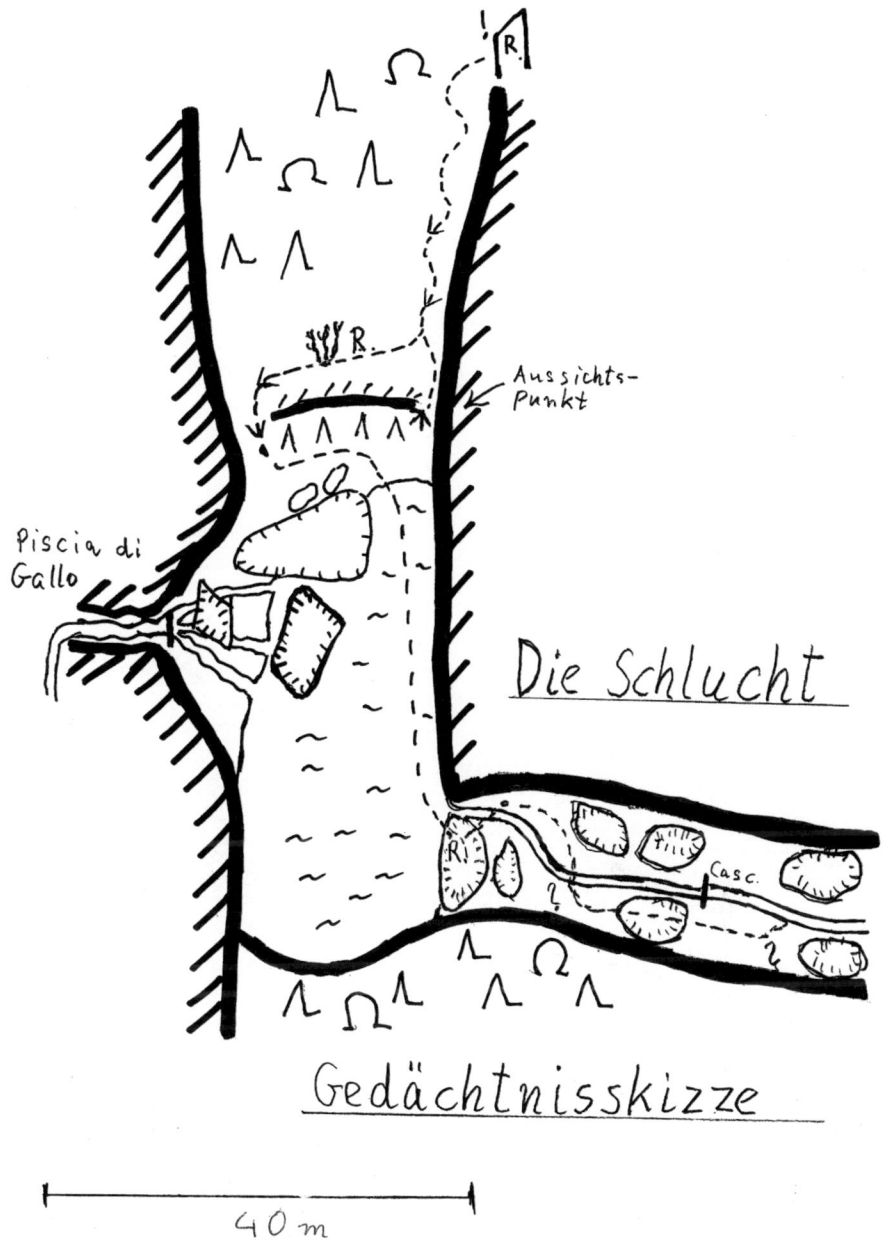

Die Schlucht

Gedächtnisskizze

40 m

41

Punta di a Vacca Morta

Art:	Bergbesteigung
Alter:	ab 5 Jahre
Zeit:	2 x 1½ Stunden
Steigung:	246 m bis auf 1314 m

Allgemeines

Der Vacca Morta kann sehr leicht bestiegen werden. Die meiste Zeit wandert man auf einem breiten, gemächlich ansteigenden Höhenrücken nach oben und sieht bald den querliegenden Gipfelgrat vor sich, so dass ein Verirren kaum möglich ist, wenn man den richtigen Einstieg gefunden hat. Der Aufstieg ist bis zum Gipfel ungefährlich; nur direkt auf dem felsigen Gipfel sollte man kleinere Kinder nicht unbeaufsichtigt umherklettern lassen.

Auf dem Grat kurz vor dem Gipfel des Vacca Morta.

Der angenehme Aufstieg wird durch die reiche Vegetation verschönt. Man wandert durch einen Wald, an blühenden Büschen vorbei, und über Wiesen. Im letzten Drittel des Aufstiegs hat man einen sehr schönen Blick in nördliche Richtung auf den kleinen Stausee bei Ospedale und vor allem auf die steilen Felsen des Nachbarberges Diamante. Vom Gipfel aus kann man bei guter Sicht große Teile Südkorsikas und die südöstliche Meeresküste überblicken.

42

Tourenbeschreibung

Die Anfahrt erfolgt über die Ostküstenstraße Bastia-Bonifacio. Von Bonifacio aus biegt man am Ortsausgang von Porto-Vecchio nach links in die RF 11 in Richtung Ospedale ein. Von Norden kommend, kann man die Hauptstraße N 198 bereits kurz nach dem Überqueren des Osu-Flusses nach rechts verlassen, um auf der D 559 über Arraggio eine Abkürzung zu wählen.

Kurz hinter Ospedale, ca. 1 km nach dem Ortsausgang, verlassen wir die Straße nach Zonza in einer Rechtskurve nach links. Die neue Straße verzweigt sich in ein etwas unübersichtliches Straßennetz. Sie fahren zum Col de Mela nach einer genauen Karte oder anhand meiner Skizze.

Sie halten sich zunächst an zwei Abzweigungen links, fahren dann gut 1 km in südwestlicher Richtung und biegen danach scharf nach rechts in nördliche Richtung ab. Nach weiteren ca. 800 m biegen Sie auf einen schmalen Fahrweg halblinks ab und erreichen 250 m weiter das Ende der Straße am Col de Mela bei einem eingezäunten Landsitz, wo Sie etwas abseits von dem Privatgelände unter Bäumen gut parken können. Sollten Sie die letzte Abzweigung verpasst haben, erreichen Sie auf der nördlichen Strecke eine Sendestation, von wo aus Sie den Vacca Morta gut überblicken können.

Sie können am Zaun des Landsitzes entlang nach links in südwestlicher Richtung aufsteigen, bis Sie den Höhenrücken des Vorberges erreichen. Bequemer wandern sie auf einem Waldweg, der zunächst parallel zum Zaun führt. Nach wenigen Minuten nehmen Sie die erste Abzweigung, die nach rechts hochsteigt. Auf diesem Weg, der bald zum Pfad wird, erreichen Sie in Kürze den breiten Höhenrücken, auf dem Sie nach links weiter aufsteigen. Merken Sie sich diese Stelle für den Abstieg, was anhand typischer Felsen nicht schwer ist.

Der Weg auf dem Höhenrücken, der auch bald von Steinmännern gekennzeichnet wird, führt zunächst mit geringer Steigung an eingezäunten Wiesen entlang, dann über offenes Gelände und danach durch einen kleinen Wald. Im Wald wird der Pfad etwas unübersichtlich und teilt sich; aber wenn man sich bemüht, wieder auf den breiten Grat zu kommen und nicht seitlich abzusteigen, kann man sich eigentlich nicht verirren.

Nach dem Ende des Waldes sieht man den Gipfelgrat hinter einem breiten, offenen Hang in Querrichtung nach rechts vor sich liegen und erkennt auch schon den Gipfel, der sich nur etwas über den Grat erhebt.

Durch ein landschaftlich sehr schönes Gelände mit einer vielseitigen Vegetation, aus dem sich einzelne Felsen herausheben, steigen wir in Serpentinen dem deutlichen Pfad folgend den Hang hoch, bis wir links vom Gipfel den querliegenden Gipfelgrat erreichen, auf dem wir uns nach rechts wenden. Hohe Gratfelsen, die zunächst den weiteren Weg versperren, können wir rechts umgehen. Bald danach übersteigen wir auf der rechten Gratseite eine kleine Mauer und erreichen wenige m weiter den Gipfelfelsen.

Der Gipfelgrat des Vacca Morta ist erreicht. Der Gipfel liegt hinter dem Felsaufbau, der rechts umgangen wird.

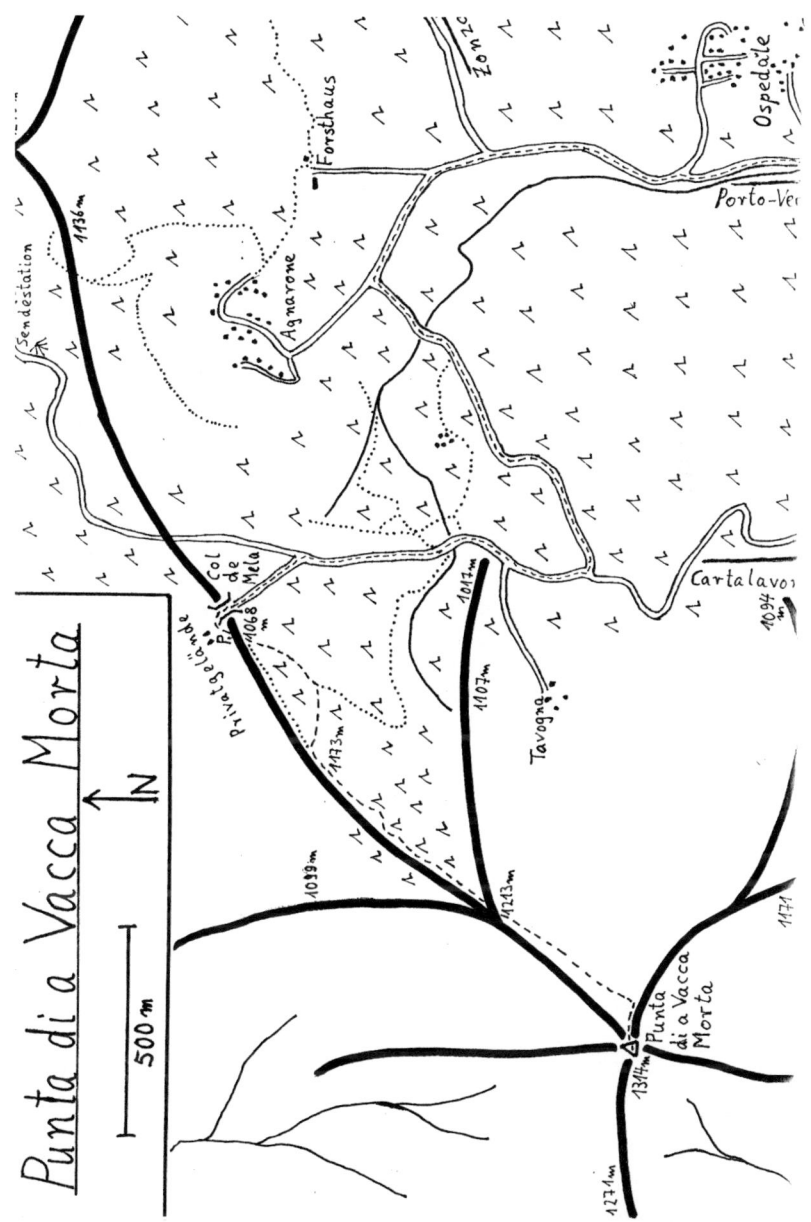

Punta di a Vacca Morta

N

500 m

Punta di Corbu

Art:	Waldwanderung mit Bergebesteigung	Bergbesteigung
Alter:	ab 5 Jahren	ab 10 Jahren
Zeit:	2 x 45 Minuten	2 x 1½ Stunden
Steigung:	ca. 130 m	insgesamt ca. 240 m

Allgemeines

Blick auf den Südteil des Stausees von der Punta di Corbu aus. Hinter dem See sind das Tiefland und die Ostküste zu sehen. Ganz hinten hinter den Wolken sieht man Sardinien.

Je häufiger man schon auf Korsika war und je mehr Bergwanderungen man kennt, desto schwieriger wird es, neue interessante Wanderungen zu finden, die möglichst auch noch leicht zu bewältigen sind. Hilfreich sind dabei Buch- und Kartenstudium, welches modernerweise auch mit Google-Maps und Google-Earth möglich ist. Auf diese Weise bin ich auf die Punta di Corbu gestoßen, die einen phantastischen Blick auf den Stausee von Ospedale sowie einen umfassenden Rundblick bietet. Letzteres ist besonders interessant, wenn man schon mehrere Wanderungen im Forst von Ospedale gemacht hat: Piscia di Gallo, Monte Calva, Punta Diamante und Vacca Morta sind alle

genau zu sehen. In der Ferne sieht man im Norden die Türme des Bavellamassivs und im Südosten die Bucht von Porto Vecchio. Bei guter Sicht können Sie sogar Sardinien erblicken.

Die Wanderung führt zunächst an interessanten Felsen vorbei, dann durch den Wald, der sich dann am Gipfelgrat lichtet. Der Gipfel der Punta di Corbu ist recht schnell erreicht und leicht zu ersteigen. Oben kann man sich dann auf eine der Felsterrassen setzen und den Blick auf den Südteil des Stausees genießen.

Blick nach Norden von der Punta di Corbu aus: Im Vordergrund der Diamante, dahinter die Felstürme des Bavellagebiets.

Wander- und Erkundungsfreudige werden den Wunsch verspüren, noch weiter zu wandern, um auf den Vorgipfel der Punta di Corbu zu steigen und so auch einen Blick auf die Nordhälfte des Sees werfen zu können. Dies ist tatsächlich möglich, bedarf aber etwas Orientierungssinn, denn es ist vor allem am Anfang kaum ein Pfad zu erkennen. Dafür wird man dann auf dem Vorgipfel mit dem Blick auf den ganzen See belohnt.

Tourenbeschreibung

Die Anfahrt erfolgt über die Ostküstenstraße Bastia-Bonifacio. Von Bonifacio aus biegt man am Ortsausgang von Porto-Vecchio nach links in die RF 11 in Richtung Ospedale ein. Von Norden kommend, kann man die Hauptstraße N 198 bereits kurz nach dem Überqueren des Osu-Flusses nach rechts verlassen, um auf der D 559 über Arraggio eine Abkürzung zu wählen.

Kurz hinter Ospedale, ca. 1 km nach dem Ortsausgang, verlassen wir die Straße nach Zonza in einer Rechtskurve nach links. Die neue Straße verzweigt sich in ein etwas unübersichtliches Straßennetz.

Sie halten sich zunächst an zwei Abzweigungen links, fahren dann gut 1 km in südwestlicher Richtung und biegen danach scharf nach

Am Anfang der Wanderung führt der Weg durch einen lockeren Kiefernwald. Im Hintergrund die Sendestation.

rechts in nördliche Richtung ab. Nach weiteren ca. 800 m biegen Sie auf einen schmalen Fahrweg halbrechts ab. Halblinks führt der Weg zum Col de Mela. Die Straße geht schmal, aber gut befahrbar, weiter bis zu einer eingezäunten Sendestation. Dort stellen Sie das Auto ab (GPS: 41.669374, 9.183691). Beachten Sie, dass Sie sich an der Gabelung unmittelbar vor der Sendestation rechts halten, da die linke Straße große Schlaglöcher hat.

Der Weg führt immer wieder an interessanten Felsformationen vorbei.

Diese markanten Kiefern markieren den Ort, wo der Fahrweg nach rechts hinten zum Gipfelaufstieg verlassen wird.

Zu Beginn der Wanderung nehmen Sie den Forstweg links um die eingezäunte Sendestation herum. Dieser Weg setzt sich hinter der Sendestation zwischen einem markanten Felsen links und einem weiteren Gebäude rechts fort. Folgen Sie dem Forstweg, bis er eine scharfe Rechtskurve macht. Danach steigt er dann steil und steinig an bis zu einem Löschwassertank. Attraktiver ist es, den Pfad leicht absteigend links zu gehen bis kurz vor einem Bachbett. Von dort folgt man dem Pfad rechts durch den Wald aufwärts, bis er wieder den Forstweg erreicht.

Dieser führt jetzt durch dichten Wald aufwärts. Kurz bevor der Grat erreicht ist, macht er eine Linkskurve. Entweder Sie verlassen jetzt den Forstweg und gehen durch den Wald geradeaus weiter, oder Sie folgen dem Weg noch ein kleines Stück bis zu zwei markanten abgestorbenen Kiefern und verlassen den Forstweg dort. Im letzteren Fall gehen Sie nach rechts im spitzen Winkel zurück. Der Wald lichtet sich und Sie können den Gipfel eigentlich nicht mehr verfehlen, wenn Sie sich auf dem Bergrücken halten und sich nach Sü-

Der Gipfel der Punta di Corbu.

48

den und bergauf orientieren. Merken Sie sich den Rückweg! Sobald Sie den Gipfel erreicht haben, halten Sie sich links Richtung See und genießen dann die Aussicht.

Wenn Sie auf den Vorgipfel der Punta di Corbu wollen, dann kehren Sie auf den Forstweg zurück und gehen an den beiden abgestorbenen Kiefern vorbei. Der Bergrücken senkt sich ab, bis es

Kurz vor dem Gipfel: Der See ist in Kürze zu sehen.

rechts durch einen Wald abwärts geht. Durch diesen Wald führt der Weg. Gehen Sie rechts an der Lichtung vorbei. Die weitere Wegfindung benötigt etwas Orientierungssinn, denn der Weg ist pfadlos und zum Teil zugewachsen. Der Pass zwischen Punta di Corbu und dem Vorgipfel ist schräg rechts von uns. Schließlich verlassen Sie den Wald und betreten das offene Gelände des

Der Blick auf den Nordteil des Sees ist vom Vorgipfel versperrt, der aber, wie beschrieben, erstiegen werden kann. Im Hintergrund die Bucht von Porto-Vecchio.

Passes. Gehen Sie weiter bis zum Pass, wo Sie den Gipfel des Vorbergs vor sich sehen. Es gibt wieder Pfadspuren, die eher links auf der nördlichen Seite des Vorbergs nach oben führen. Schließlich erreichen Sie den Gipfel mit der Aussicht auf den ganzen See.

Blick vom Vorgipfel auf den Nordteil des Stausees.

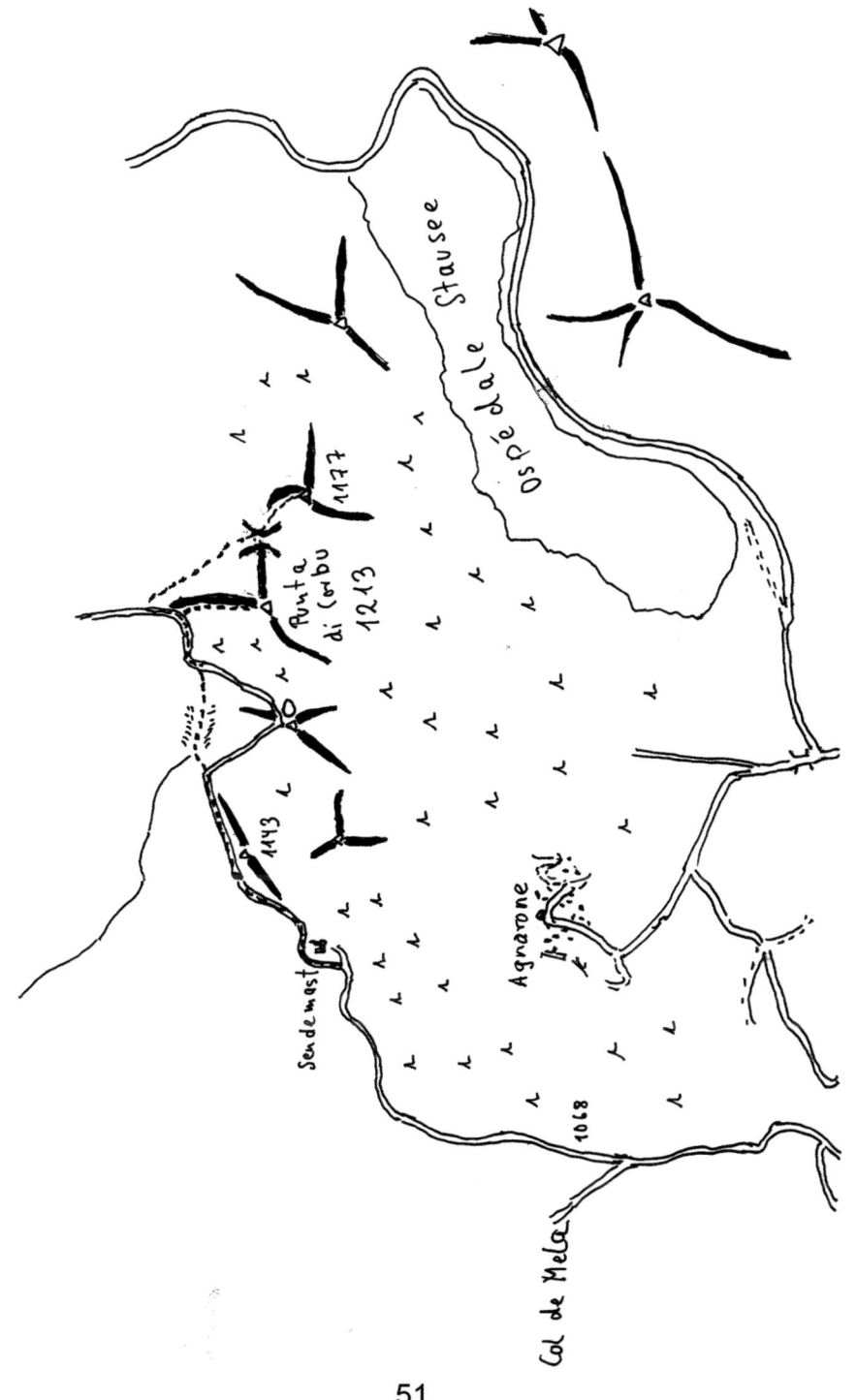

51

U Furu

Art: Kaskaden-Wanderung

Alter: ab 8 Jahren

Zeit: 2 x 1 Stunde

Steigung: ca. 250 m bis auf 300 m

Allgemeines

„U Furu", korsisch für „der Backofen", ist ein FKK-Feriengelände im Landesinneren bei Porto-Vecchio unterhalb der Berge von Ospedale. Das Gebiet, früher als „Ou Moulin", französisch für „zur Mühle", bekannt, ist wohl das einzige private Feriengelände auf Korsika, in dem man längere Zeit wandern kann, ohne es zu verlassen.

Das Gelände führt an einem idyllischen Bach entlang, der aus der Wildnis kommt und Kaskaden mit wunderschönen Badebecken bildet, die meist groß und tief genug sind, um darin zu baden oder gar zu schwimmen. Wegen dieser Kaskaden in herrlichster Umgebung, die man durchwandern kann, möchte ich dies Gebiet in unser Buch mit aufnehmen.

Als Privatbesitz ist das Gelände nicht unbeschränkt der Öffentlichkeit zugänglich. Es dient als Erholungsraum für Touristen, die dort zelten oder Bungalows gemietet haben. Aber gegen Bezahlung einer Tagesgebühr pro Person wird auch Besuchern der Eintritt erlaubt, wohl in der Hoffnung, dass sich mancher Besucher entscheiden könnte, später den Meeresstrand gegen einen Aufenthalt in dieser herrlichen Berglandschaft zu vertauschen.

Das wäre auch durchaus zu empfehlen für Touristen, die Ruhe, Frieden und eine familiäre Atmosphäre im kleinen Kreis in idyllischer Landschaft suchen. Im unteren Bereich des Geländes ist auf kleinen Wiesen und Hängen unter Bäumen Platz für ca. 50 Zelte und 10 Bungalows; doch war bisher selbst zur Hauptsaison noch viel Platz frei. Das Zentrum des kleinen Zeltplatzes bildet ein Schwimmbad mit Bar, wo sich die Urlauber treffen und die Kinder spielen. Auch die wichtigsten Lebensmittel kann man im Camp kaufen.

Eine wesentliche Bedingung besteht allerdings für den Aufenthalt wie für den Besuch: Das gesamte Gelände ist FKK-Gebiet, und wer es erkunden will, muss sich den dort gültigen Sitten anpassen und nackt baden, damit die Dauergäste an den Badebecken sich nicht gestört fühlen. Lediglich Schuhzeug, Sandalen oder Turnschuhe, sind zu empfehlen, und für etwas Brot und Getränke sollte man einen kleinen Rucksack mitnehmen.

Das eigentliche Erholungsgebiet am Kaskadenbach beginnt nach ca. 15 min.

Fußweg oberhalb des Zeltplatzes. Die Kaskaden sind fast alle nur niedrig und leicht zugänglich, und das Tal ist meistens seitlich offen ohne einengende Felswände, ganz im Gegensatz zu den Polischellu-Kaskaden im Bavellagebiet.

Man kann also ohne zu schwimmen alle Wasserbecken und Kaskaden leicht umgehen; es ist vorwiegend eine Wander- und keine Klettertour. Nur an wenigen Kletterstellen müsste man jüngeren Kindern etwas helfen. Die Kaskaden, eingerahmt von einer üppigen Vegetation, beeindrucken nicht durch Wildheit und hohe Felsen, sondern durch Liebreiz und idyllische Schönheit.

Blick auf den ersten und höchsten Wasserfall mit dem Wasserbecken davor zu Beginn der Tour.

Die Wanderung ist auch für Kinder ungefährlich. Nur an einer Stelle gleich oberhalb der ersten und zugleich höchsten Kaskade ist Wegdisziplin erforderlich. Der Weg kreuzt dort in einer Breite von ca. 2 m den Bach am Kaskadenfelsrand, der dort ca. 10 m senkrecht abfällt. Aber bei der Wegbreite braucht dort niemand direkt an der Kante entlangzugehen. Doch sollten Eltern ihre Kinder an dieser Stelle gut beaufsichtigen.

Die Wegstrecke von 2 x 1 Stunde ist natürlich ohne Pausen gerechnet. Doch ist die Landschaft viel zu schade, um dort nur hindurchzulaufen. Man wird immer wieder an besonders schönen Becken Rast machen und baden und ausruhen, sodass man ohne Mühe einen ganzen Tag in diesem herrlichen Tal zubringen kann.

Bei einer so geringen Meereshöhe des Wandergebietes ist meine Empfehlung normalerweise, keinen allzu heißen Tag für eine Tour zu wählen. Aber dies gilt nicht für Kaskadentouren, im Gegenteil: Die Sonne muss scheinen, um die Schönheit der Landschaft zu erhellen und um die Freude auf das nächste Bad zu steigern. Wenn man unbekleidet in Plastiksandalen wandert, kann man ja jederzeit in eins der Becken tauchen. Das Wasser ist erfrischend kühl, aber nicht so eiskalt wie bei den Bavella-Kaskaden.

Die Kette der Kaskaden und Badebecken wird in der Mitte durch eine fast ebene Bachstrecke unterbrochen, in der der Bach ganz normal fließt. Der

Pfad verläuft dort links vom Bach (in Aufstiegsrichtung) durch einen kleinen Wald. Man sollte an dieser Stelle nicht meinen, die Kaskaden seien vorbei. Eine Reihe der schönsten und größten Badebecken kommt noch danach, die zudem auch noch fast menschenleer sind; denn die Dauergäste sind fast alle auch nur Normaltouristen, die keine große Lust haben, jeden Tag 2 x 1 Stunde bis zu den obersten Becken zu laufen.

Kehren Sie deshalb auf keinen Fall um, bevor Sie nicht die „Brille", das „Theater" und das „Elefantenklo" entdeckt haben. Was es damit auf sich hat, werde ich weiter unten genauer erklären.

Noch ein Hinweis sei erlaubt: Fast alle Badebecken an Korsikas Flüssen sind in der Hochsaison total überfüllt. Das Gelände von U Furu ist den meisten Touristen unbekannt, und es ist weit abgelegen in der Wildnis, und außerdem kostet der Eintritt eine Gebühr. Doch als Ausgleich dafür sind in U Furu die Badebecken nicht überfüllt.

Tourenbeschreibung

Die Anfahrt erfolgt in jedem Fall über die Hauptstraße N 198 von Bastia nach Bonifacio. Wer von Süden kommt, biegt am westlichen Ortsausgang von Porto-Vecchio an der dritten großen Kreuzung der Umgehungsstraße nach links ab und erreicht nach gut 500 m die Straße D 159, in die man nach links in Richtung Muratellu einbiegt. Man kann auch an der vierten Kreuzung nach links direkt auf die D 159 gelangen.

Diese Straße fährt man eine kurze Strecke in westliche Richtung und biegt dann nach rechts in Richtung Palavese ab. Doch auf halber Strecke nach Palavese biegt man nach ca. 2,5 km, scharf nach links in westliche Richtung ab. Nach weiteren ca. 1,5 km fährt man wieder nach rechts über eine kleine Brücke, und 300 m weiter erreicht man einen schmalen Fahrweg nach links, der nach weiteren 300 m bei U Furu endet. Das liest sich etwas kompliziert, jedoch sind die Straßen ab Porto-Vecchio meist mit U-Furu-Schildern gekennzeichnet.

Von Norden aus kann man die Anfahrt einfacher gestalten: Hinter St. Lucie de Porto-Vecchio biegt man kurz nach der Überquerung des Osu-Flusses nach rechts auf die Straße D 559 nach Arraggio ab. Diese Nebenstraße erreicht bei Palavese die Hauptstraße von Porto-Vecchio nach Ospedale.

Sie kreuzen diese Straße (Vorfahrt beachten, wobei die Straße von links wegen einer Kurve nicht zu überblicken ist) und fahren dann geradeaus gut 4 km in südwestliche Richtung weiter, biegen zuletzt nach rechts und ca. 300 m weiter wieder nach links ein. Auch diese Strecke ist ab Palavese durch U-Furu-Schilder gekennzeichnet, allerdings ist das Schild vor der letzten Abfahrt nach rechts über eine kleine Brücke erst dann von hinten zu lesen, wenn man an der Abfahrt schon fast vorbei ist.

In U Furu parken Sie gleich hinter dem Eingang auf der linken Seite und gehen dann als erstes zu dem Rezeptionsgebäude rechts vom Eingang, wo Sie die Tagesgebühr bezahlen. Rechts daneben befindet sich ein kleiner Lebensmittelladen.

Links vom Eingang erstreckt sich das Campinggelände mit Zelten, Schwimmbad und Sanitäranlagen. Die Toiletten und Duschen befinden sich oberhalb des Schwimmbades.

Zu den Kaskaden folgen Sie einem Weg, der nach rechts oberhalb des späteren Kaskadenbaches an einzelnen Bungalows vorbei etwas bergauf führt, bis Sie nach 10 bis 15 min das Kaskadengebiet erreichen. Dort führt der Weg steil bergauf, um die erste Kaskade zu umgehen, die mit ca. 10 m Höhe die größte und am meisten beeindruckende ist.

Blick auf einen Wasserfall im mittleren Bereich der Tour. Ein Wasserbecken in halber Höhe bietet Platz für ein gemeinsames Wannenbad.

Vor dieser Kaskade befindet sich ein etwas größeres Wasserbecken, in dem man auch schwimmen kann. Davor sind mehrere kleinere, flache Becken mit schrägen Felsplatten zum Lagern in einer romantischen Umgebung.

Da der Weg an der linken Bachseite (links und rechts immer in Aufstiegsrichtung) gleich aufwärts an den oberen Kaskadenrand führt, kann man vom Weg aus die Schönheit dieses Talabschnitts gar nicht erkennen. Es lohnt sich, den Weg für einen kurzen Abstecher nach rechts zum Bachbett zu verlassen, wenn der Weg das Tal erreicht hat und bevor er bergauf führt. Den Anblick der ersten Kaskade von unten sollte man nicht versäumen.

Vom oberen Rand der Kaskade hat man dann einen sehr schönen Blick zurück hinab in das Tal auf die von schrägen Felsen eingefassten Wasserbecken, umrahmt von grünem Buschwerk und Bäumen. Doch ist dies auch die Stelle, wo man seine Kinder von der Kaskadenkante fernhalten sollte.

Kurz danach folgt die einzige etwas schwierige Kletterstelle, an der man Kindern und älteren Personen etwas Hilfestellung geben sollte. Wegen hoher Felsen muss man den Bach, den man oberhalb der Kaskade nach rechts gequert hat, gleich wieder nach links überklettern.

Man steigt, sich an Bäumen festhaltend, ca. 2 m hoch und muss danach etwas schwindelfrei freihändig mit einem großen Schritt den Bach wieder nach links überqueren. Ein standsicherer Erwachsener sollte nach dem Übersteigen des Baches den anderen Personen hilfreich die Hand reichen.

Danach klettert man oberhalb eines tiefen Wasserbeckens an der linken Seite etwas mühsam eine schräge Felswand entlang und überquert danach ohne Schwierigkeiten wieder den Bach zur rechten Seite. Danach wandert man oberhalb des Baches auf einem Pfad eine fast ebene Strecke entlang, bis dann vor einem ca. 4 m hohen Wasserfall wieder neue, schöne Wasserbecken in einer flachen Felslandschaft zu sehen sind.

Das doppelte Wasserbecken mit dem Felsriegel in der Mitte ist als „Brille" bekannt. In das rechte tiefe Wasserbecken kann vom Felsen im Vordergrund aus ca. 4 m Höhe hineingesprungen werden.

Das schönste Becken, in dem man auch schwimmen kann, befindet sich kurz vor der Kaskade. Wenn man oberhalb des Beckens etwas hochklettert, entdeckt man an der Felswand eine mit Wasser gefüllte Naturbadewanne für zwei Personen, ein besonderer Spaß für Kinder und für Liebespaare. In diesem Bereich trifft man noch einige Dauergäste, aber ohne, dass das Gelände überfüllt wäre.

Danach sieht es aus, als sei es mit den Kaskaden und den Badebecken vorbei. Der Bach fließt ganz normal durch einen Macchiawald. Hier wäre das Durchkommen am Bach entlang wegen dornigen Gestrüpps mühsam; aber einige m links vom Bach führt ein deutlicher und bequemer Pfad für ca. 10 min. durch den Wald.

Hinter dem Wald kommen eigentlich erst die größten und schönsten Wasserbecken, groß, langgestreckt und an den Felskanten auch tief genug, um darin etwas zu schwimmen, ein herrliches Vergnügen für die Kinder, die an den tiefen Stellen von den Felsen ins Wasser springen können. Und sie brauchen dabei auch nicht leise zu sein, da man hier nur wenige andere Menschen trifft.

Das Gelände ist hier offen: Große Wasserbecken und breite Felsbereiche drängen die Vegetation an den Rand des Tales, so dass der Badebereich sehr viel Licht hat. Man wandert zunächst an der linken Bachseite entlang, bis man kurz vor einem großen Wasserbecken wieder auf die rechte Flussseite wechselt.

Baden in einem der obersten Badebecken in idyllischer Landschaft.

Hier kommt man endlich an die „Brille", an das „Theater" und an das „Elefantenklo", die das Ende des Paradieses ankündigen.

Die „Brille" ist ein recht großes und langgestrecktes Badebecken, dessen tieferer Schwimmbereich durch einen Felsriegel geteilt wird, der bis zu einem halben m unter dem Wasserspiegel hochreicht. Die beiden tiefen Schwimmbereiche links und rechts davon sind sozusagen die dunklen Gläser einer Sonnenbrille, während der trennende Felsriegel unter Wasser den Brillensteg dazwischen andeutet.

Es macht Spaß, auf diesem Felsriegel bis zur Brust im Wasser zu sitzen und zuzuschauen, wie die größeren Kinder von dem fast senkrechten, ca. 4 m hohen Seitenfelsen in das rechte, tiefe Becken springen.

Für eine Gruppe von Jugendlichen und älteren Kindern lohnt es sich, einen großen Ball mitzunehmen. Eine Person steht auf dem Felsriegel im Wasser und wirft den Ball in dem Augenblick hoch in die Luft, wenn ein anderer vom hohen Felsen in das tiefe Wasser springen will. Dessen Aufgabe ist es, im Flug den Ball beidhändig zu fangen. Ich konnte einmal beobachten, wie dieses sportliche Spiel einen großen Wetteifer und viel Begeisterung auslöste.

Kurz darauf, nachdem man das Bachbett wieder nach links überquert hat, kommt man an das „Theater", meist unser Endziel und Ausruhplatz. Oberhalb eines wunderschönen Wasserbeckens hinter einem Wasserfall befindet sich eine Felsempore aus glatten Felsen, die vom Wasser aus stufenförmig nach oben steigt, so dass wie in einem Theater mehrere Personen nebeneinander und übereinander sitzen und auf das Wasserbecken als Bühne schauen könnten. Das Wasserbecken ist im Kaskadenbereich tief genug zum Schwimmen, und Kinder rutschen oft die ca. 2 m hohe glatte Kaskade ins Wasser hinab.

Das „Elefantenklo" nur wenige m bachaufwärts ist ein tiefes, fast kreisrundes, wassergefülltes Felsenbecken von ca. 3 bis 4 m Durchmesser, das unten von einem nach oben gewölbten Felsen abgeschlossen wird, auf dem ein Erwachsener gerade noch stehen und aus dem Wasser schauen kann. Das Hineinspringen ist leicht, das Herauskommen ohne Hilfe etwas schwierig, da die steilen Felswände nur an einer Seite etwas abgeschrägt sind. Kinder sollte man deshalb nicht unbeobachtet in dieses kleine Becken springen lassen. Für einen überdimensionierten Elefanten könnte man sich dieses Becken als ein passendes WC vorstellen.

Diese drei prägnanten Wasserbecken helfen Ihnen zu erkennen, wo dieses herrliche Erholungsgebiet sein Ende findet. Direkt hinter dem „Elefantenklo" folgt noch ein langgestrecktes, schönes Becken, hinter dem der Bach in einer Kurve nach rechts verschwindet. Das offene Gelände ist plötzlich vorbei; der Bach wird beidseits von dichter Macchia umschlossen und fließt fortan als ein ganz normaler Bach zwischen Bäumen und dichtem Unterholz hindurch.

Man kann dem Bach noch weiter folgen, entweder direkt im Wasser oder auf Pfadspuren am Ufer. Wir haben früher diesen oberen Bachbereich eine Strecke erkundet. Nach einer längeren Wanderzeit kommt noch ein weiterer hoher Felsen mit einer Kaskade. Aber es lohnt sich nicht und ist nur etwas für Forschernaturen.

Der normale Wanderer wird nach dem letzten Wasserbecken umkehren und sich überlegen, welches Badebecken auf dem Hinweg das schönste war, um dort noch eine erholsame Stunde Pause zu machen.

Wer nach der Rückwanderung noch eine gemütliche Rast einlegen will, findet neben dem Swimmingpool noch eine kleine Bar, wo Getränke und ein Imbiss zu bekommen sind. Man kann dann unter einem Feigenbaum sitzen und dem Spielen der Kinder im Pool zuschauen.

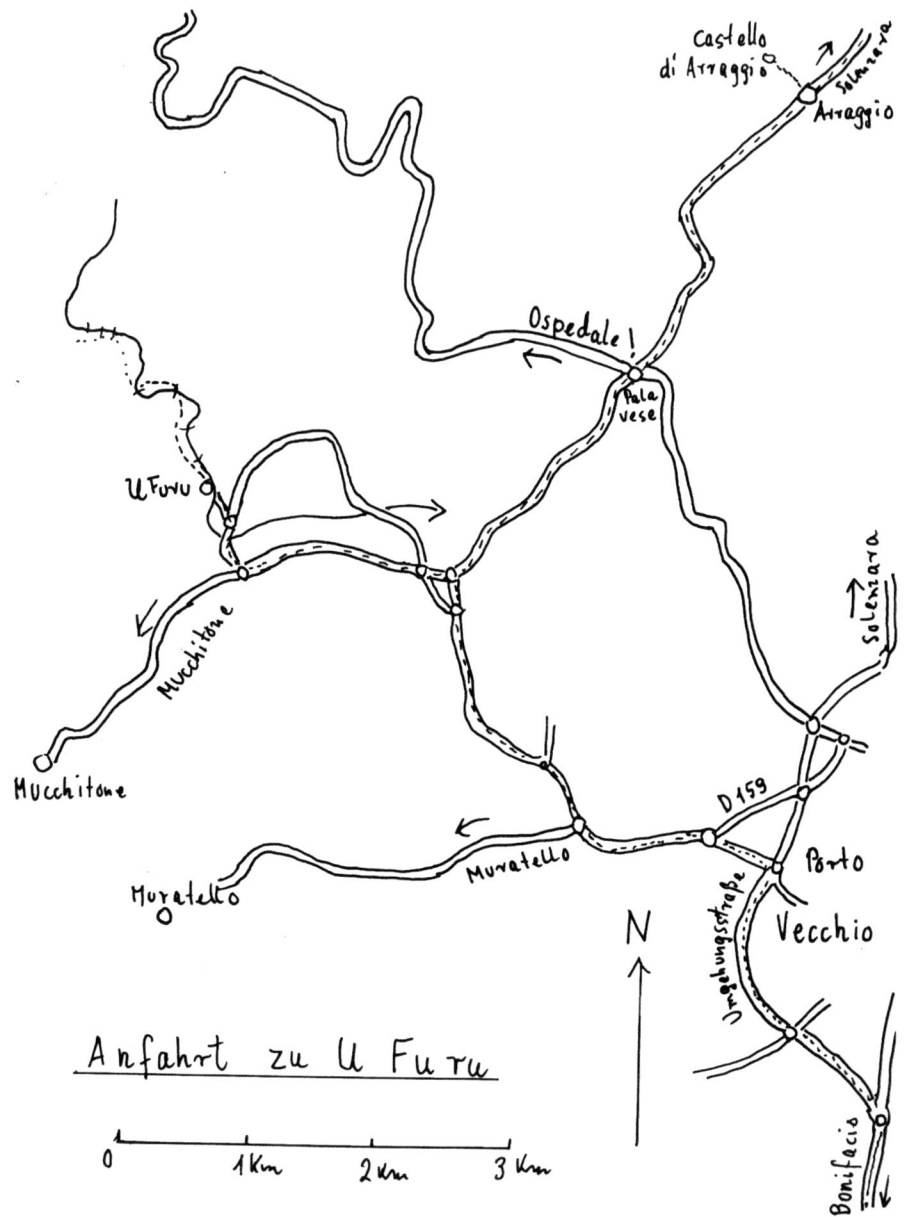

Castello
di Arraggio

Solenzara

Arraggio

Ospedale!

Pala
vese

U Furu

Mucchitone

Mucchitone

Solenzara

D 159

Muratello

Muratello

Porto
Vecchio

Umgehungsstraße

N

Bonifacio

Anfahrt zu U Furu

0   1 Km   2 Km   3 Km

U Furu

Gedächtnisskizze

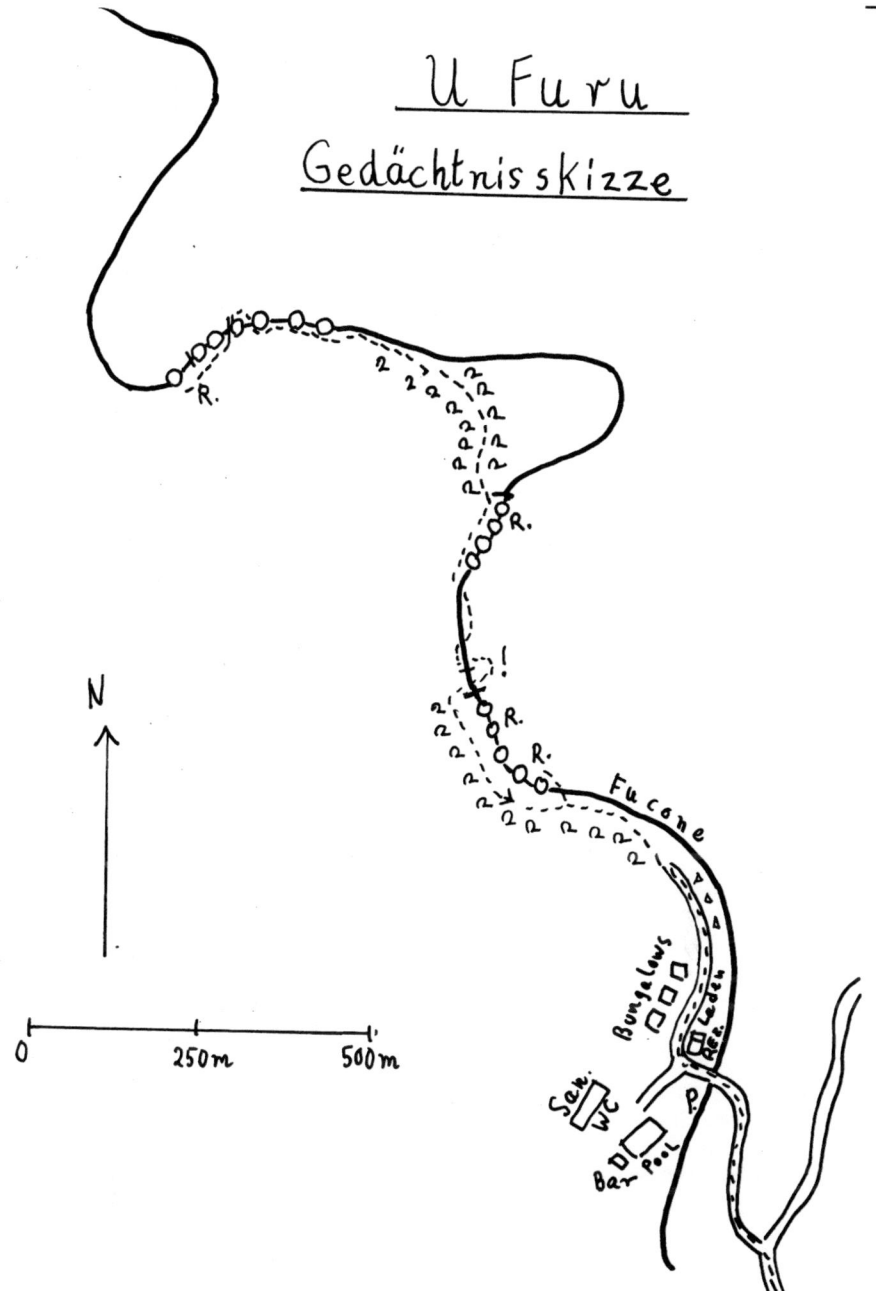

N

0   250m   500m

Uomo di Cagna

Art:	Aufstieg zu einem Hochplateau	Bergbesteigung
Alter:	ab 10 Jahre bis zum Wegende	ab 12 Jahre
Zeit:	2 x 2 Stunden bis zum Wegende	2 x 4 Stunden
Steigung:	ca.500m bis auf ca.1000m	ca.750m bis auf 1217m

Allgemeines

Uomo di Cagna ist der südlichste Berg Korsikas, der mit 1217m die 1000-m-Grenze noch übersteigt. Er liegt am südlichsten Rand des südlichsten Gebirges Korsikas, der Montagna de Cagna. Und er ist trotz seiner geringen Höhe unter den schwierigen Kletterbergen Korsikas wohl der letzte, der durch eine Erstbesteigung bezwungen wurde, nämlich erst im Jahre 1970.

Doch nicht diese Rekorde haben den Berg bekannt gemacht, sondern seine Form und seine Position dicht am Meer, die ihn zu einem Seezeichen für die Schifffahrt machten; denn auf seinem Gipfel liegt ein riesiger Wackelstein, der dem hochaufragenden Berg die Gestalt eines Riesen gibt, der mit seinem Felsenkopf auf die See hinausschaut, daher auch sein Name: „der Mann von Cagna".

Auch wir hatten diese Steinfigur auf der Fahrt von Bonifacio nach Sartene gesehen, woraus der Wunsch entstand, sie einmal ganz aus der Nähe zu betrachten.
Allerdings kann man den Felsenkopf nicht normal besteigen. Seine Wände sind so hart und glatt, dass die Erstbesteiger ihn nur mit einer List bezwingen konnten: Sie warfen ihm ein Lasso über den Kopf, zogen daran ein Kletterseil hoch und fixierten es. Danach war der Aufstieg nur noch Kletterroutine.

Ausdauernden Bergwanderern gelingt es, bis dicht vor den Felsen zu gelangen, auf dem der Kopfstein liegt. Doch muss man dazu etwas mühsam und zuletzt ohne Weg über viele große und runde Steine klettern.

Es führt jedoch ein guter Weg in ca. 2 Stunden bis zum Fuß eines benachbarten Berges nordwestlich vom Uomo di Cagna. Dort befindet man sich inmitten dieser urwüchsigen und völlig einsamen Felslandschaft und hat den besten Blick auf den Wackelstein und auf die Ebene bis zum Meer hinter ihm. Dieser Weg ist ungefährlich und auch für Kinder geeignet. Darum sollte dieser Ort für Familien mit kleineren Kindern der Zielpunkt sein.

Die Wanderung auf der hier beschriebenen Südroute ist sehr schön. Man wandert zuerst durch eine aufgelockerte Macchia, die nicht kratzt und den Blick auf die Umgebung nicht versperrt. Später geht man meistens durch eine

Landschaft mit Trockenkräutern zwischen bizarr geformten Felsen und einzelnen Bäumen hindurch, und nach dem Erreichen eines schrägen Hochplateaus sieht man gelegentlich schon den Gipfel vom Uomo di Cagna vor sich langsam größer werden.

Doch wenn man darüber hinaus bis unmittelbar an den Wackelstein aufsteigen will, sollten auch einige negative Faktoren erwähnt werden, die man beachten muss, damit die Tour nicht zur Strapaze wird:

Der Gipfelkopf des Uomo di Cagna am Rande gewaltiger Felsblöcke.

1. Die Wanderung bis zum Gipfel und zurück ist mit ca. 2 x 4 Stunden recht lang und anstrengend. Deshalb sollte man mit jüngeren Kindern die gesamte Tour nur machen, wenn deren Lauffreudigkeit bei vorhergehenden Wanderungen getestet wurde.

2. Die Tour liegt in einem Höhenbereich zwischen ca. 500m und 1200m und somit überwiegend noch in dem Hitzebereich der Ebene. Bei heißem Wetter kann die lange Tour mit dem nicht unbeträchtlichen Aufstieg von ca. 750m sehr mühsam werden. Hinzu kommt, dass wegen der abgelegenen Gegend der Aufstieg nach einer längeren Anfahrt erst spät am Vormittag begonnen werden kann, wenn es schon heiß ist. Besser wäre es, am Abend vorher anzureisen und die Tour in der Morgendämmerung zu beginnen.

3. Außer in Bächen in der Macchia zu Beginn der Wanderung findet man auf der ganzen Tour kein Wasser. Eine Quelle nordöstlich vom Uomo di Cagna ist bei Trockenheit versumpft. Es ist daher notwendig, in ausreichenden Mengen

Getränke mitzunehmen, vor allem in Anbetracht des Wasserverlustes durch Schwitzen bei großer Hitze. Wir nahmen bei der letzten Besteigung pro Person 3 Liter Wasser mit, die wir auch fast aufbrauchten.

Rückblick auf das Dorf Giannuccio zu Beginn des Aufstiegs.

4. Nach dem Ende des Weges wird für den, der noch weiter will, der Aufstieg recht mühsam, da er über Steine und Dornen führt. Der Aufstieg über die Nordroute führt zudem über einige Zeit recht unangenehm durch Gestrüpp.

Doch wenn man in einer kletterfreudigen Gruppe den Aufstieg in der Kühle des Morgens beginnt, genügend Getränke mit sich führt und die richtige Route wählt, dann kann diese anstrengende Tour zu einer der interessantesten auf Korsika werden, keineswegs nur wegen des steinernen Riesen am Ende, sondern vor allem wegen der urwüchsigen Landschaft mit bizarren Felsformationen, Aushöhlungen und Steinhängen, und dennoch mitten in grüner Vegetation. Freunde von uns, die auch schon viele Wanderungen auf Korsika gemacht haben, schrieben uns über diese Tour: „Die Wanderung war wohl die eindrucksvollste in diesen Ferien."

Von dem Ausgangsort Giannuccio führen zwei Wege zum Uomo di Cagna: die Südroute und die Nordroute. Das bietet die Möglichkeit zu einer interessanten Rundtour, wie meine Familie sie beim letzten Aufstieg gemacht hat. Die Frage ist nur, ob man sie machen sollte.

In diesem Buch beschreibe ich den Aufstieg über die Südroute und den Abstieg über die Nordroute. Das hat, wie bei allen Rundtouren, den großen Vorteil, dass man zwei unterschiedliche Wandertouren kennenlernt.

Den Aufstieg würde ich aber immer über die Südroute machen, weil dort der Weg bis kurz vor der Kletterei zum Gipfel gut ausgetreten und leicht zu finden ist. Außerdem wandert man auf der Südroute durch offenes Gelände und hat einen freien Blick über die Landschaft und oft auch auf den Wackelstein als Zielpunkt. Und auch wenn man diesen Zielpunkt nicht erreicht und auf halben Wege umkehrt, hat man viel gesehen und erlebt.

Auf der Nordroute wandert man lange Zeit in endlosen erscheinenden Serpentinen einen bewaldeten Hang empor, später durch eine Hochebene mit dichter Baumheide die beim Wandern bis über den Kopf reicht, und erst kurz vor dem Erreichen des Ziels sieht man zum ersten Mal den Wackelstein. Außerdem ist der Weg nur wenig begangen, und wenn man sich verirrt und umkehren muss, hat man nichts Interessantes gesehen.

Beim Aufstieg auf der Nordroute sieht man nach dem Verlassen der Ebene mit der Baumheide noch nicht den näheren Uomo di Cagna, sondern in der Ferne einen weiteren Wackelstein, den Uomo d'Ovace mit einem etwas flacherem Felsenkopf. Bekannte von uns, die die Nordroute gewählt hatten, entschieden sich für diesen Wackelstein, zeigten uns stolz ihre Fotos und waren dann doch sehr enttäuscht, auf unseren Fotos den echten Uomo di Cagna sehen zu müssen.

Der Uomo d'Ovace.

Die Südroute führt recht angenehm und vor allem abwechslungsreich in einem ungefähr gleichmäßigen Anstieg zuerst einen mit aufgelockerter Macchia bestandenen Hang empor, dann über ein schräges Hochplateau und schließlich durch einen schattigen Hochwald. Die meiste Zeit hat man einen schönen Fernblick über die Landschaft.

Die Südroute ist auch landschaftlich viel schöner. Man sieht interessante, gewachsene Felsformationen; Büsche und Bäume wechseln einander ab, und immer wieder kann man vor sich das Ziel der Wanderung, den großen Wackelstein, deutlich sehen. Auf Grund der schönen Landschaft lohnt sich auch ein Teilaufstieg, so bis zum Rand des schrägen Hochplateaus oder bis zum Ende des Weges, und von beiden Zielpunkten oder Zwischenrastplätzen aus hat man einen guten Blick auf den Uomo di Cagna.

Der Wackelstein Uomo di Cagna, von der Raststelle am schattigen Baum aus gesehen, von dem ein falscher Pfad leicht bergab direkt auf den Berg zuführte.

Jeder mag, wenn er will, bei einer Rundtour selber den Vergleich der beiden Touren vornehmen. Vorsichtigen Wanderern empfehle ich den sicheren Rückweg auf der vielbegangenen Südroute. Für abenteuerlustige Bergwanderer empfehle ich die Rundtour und beschreibe sie deshalb; denn am Ende unserer Rundwanderung waren wir froh, beide doch recht interessanten Wege kennengelernt zu haben.

Tourenbeschreibung

Die Anfahrt erfolgt von der Ostküste über die Straße N198 nach Süden über Porto Vecchio. Kurz hinter Porto-Vecchio biegt man nach rechts auf die D853 in Richtung Sotta ab und folgt dieser Straße, bis sie am Ende auf die N196 trifft, die Bonifacio und Sartene miteinander verbindet. Hier fährt man nach rechts in Richtung Sartene, bis man hinter Pianottoli-Caldarello auf die nach rechts abzweigende Straße nach Monacia abbiegt.

In Nonacie fährt man nach rechts auf eine einsame Straße, der man bis zu ihrem Ende an dem schönen Dorf Giannuccio in ca. 500 m Höhe folgt. Am Anfang des Dorfes biegt man an einer kleinen, unscheinbaren Kirche nach links auf einen großen Parkplatz ein, wo man den Wagen stehen lässt. In den engen Dorfstraßen ist das Parken schwierig.

Von der Westküste aus fährt man über Ajaccio und über Sartene nach Süden in Richtung Bonifacio, bis man nach links auf die D50 in Richtung Monacia und Giannuccio einbiegt.

Wenn man für einen frühen Aufstieg in dieser Gegend übernachten möchte, findet man in Giannuccio kein Hotel, wohl aber in Monacia und anderen Orten der Umgebung.

Beim Aufstieg auf der Südroute kommt man an bizarren Felsgruppen vorbei.

Man wandert vom Parkplatz die Dorfstraße hinauf, geht nach einer Linkskurve an der Bar „U Ritornu" vorbei, bis die Straße eine scharfe Rechtskurve macht. An dieser Stelle führt ein unbefestigter Fahrweg geradeaus weiter zur Nordroute. Für die Südroute gehen wir die Straße nach rechts weiter bis zur nächsten Linkskurve. Dort führt eine steile, geriffelte Straße nach links oben. Wir gehen aber an der Linkskurve geradeaus weiter und erkennen einen Weg, der zunächst am Rand zwischen zwei Feldern entlangführt und später durch die Macchia.

Schon zu Beginn dieses Weges erkennt man vor sich in südöstlicher Richtung einen langgestreckten Hang, auf dessen Höhe ein typischer Felsen in Form des Zeichens steht, das in meinen Skizzen für einen typischen Felsen verwendet wird. Er gehört zu einer später erkennbaren Felsengruppe mit einzelnen in den Himmel ragenden Felszacken. Dieser Hang weist uns die Aufstiegsrichtung, und die Felsengruppe steht am Anfang eines schrägen Hochplateaus, das wir später mit dem gelegentlichen Blick auf den Wackelstein vor uns durchwandern.

Der Weg führt in mäßigem Aufstieg durch eine aufgelockerte Macchia und über zwei Bäche bis zur rechten Seite des langgestreckten Hanges, biegt dort nach links und quert den Hang, jetzt steiler in Serpentinen schräg aufsteigend, in Richtung auf die genannte Felsengruppe. Einzelne größere Bäume bieten Schatten für kurze Pausen mit schönen Rückblicken auf das Dorf und seine Umgebung.

Nach ca. 1 Stunde Aufstieg erreicht man das schräg vor uns aufsteigende Hochplateau links neben der bizarren Felsengruppe in ca. 750 m Höhe. Man wandert nun durch ein Gebiet mit trockenem Kraut und Büschen, aus dem einzelne Bäume und Felsen herausragen. Der Aufstieg führt über das schräge Hochplateau zuerst in östlicher, dann nordöstlicher Richtung und ist nur noch mäßig ansteigend. Gelegentlich kann man schon vor sich in der Ferne den Wackelstein als Wanderziel erkennen.

Nach einiger Zeit erreicht man den östlichen Rand des Hochplateaus, hinter dem es wieder bergab geht. Unser Weg führt jedoch schon vorher in einem Bogen nach links an einem steilen Felsenturm vorbei und wieder etwas steiler durch einen schattigen Hochwald.

Doch lohnt es sich, vorher an dem östlichen Rand des Plateaus eine Rast zu machen, zu der rechts neben dem Weg ein schattenspendender Baum einlädt. Ein paar Schritte rechts hinter dem Baum hat man einen freien Blick über eine Talsenke auf den Uomo di Cagna. Direkt auf den Berg zu führt ein falscher Pfad etwas bergab. Zum Glück ist der Zugang zu diesem Pfad schon fast zugewachsen. Auf dem heute sehr deutlichen Weg der Südroute kann man sich kaum mehr verirren.

Dieser Rastplatz mit dem schönen Blick auf den Wackelstein könnte für eine Familie mit kleineren Kindern schon der Zielpunkt sein. In der Nähe des Baumes befindet sich eine kleine, mit Büschen bewachsene Ebene, durch die zahlreiche kleine Pfade führen, auf den die Kinder ohne Gefahr spielen und umherlaufen können.

Doch es lohnt sich, noch eine gute halbe Stunde weiter aufzusteigen, um noch viel dichter an den Uomo di Cagna heranzukommen, zumal dieser Weg jetzt zwar etwas steiler, aber recht angenehm durch einen schattigen Hochwald führt.

Allmählich öffnet sich das Gelände, der Blick wird freier und man erkennt, dass man sich auf einer Art breiten Grat oder Passhöhe befindet, die nach

Norden nur leicht, nach Süden jedoch steiler zu einem kleinen Talkessel abfällt. Wenn man rechts vom Weg einen kleinen Steinwall hochklettert, sieht
man über den Talkessel auf die Ebene des Südzipfels von Korsika.

Wir befinden uns hier vor einem steilen, kegelförmigen Berg rechts im Osten, der aus größeren und kleineren Felsbrocken besteht, zwischen denen
einzelne Bäume und Büsche stehen. Es ist dies der 1165 m hohe Punta Sud
de Cagna nordwestlich vom Uomo di Cagna. Rechts hinter diesem Berg ragt,
sehr gut und nahe zu sehen, der Wackelstein des Uomo di Cagna in den
Himmel.

*Aufstieg zwischen Blumen zum Uomo di Cagna, der hinter dem Gipfel der Cima di
Cagna links oben noch verborgen ist.*

Wenn man mit kleineren Kindern diese Tour macht, sollte man an dieser Stelle
den Endpunkt setzen; denn um direkt an den Wackelstein heranzukommen,
braucht man noch lange Zeit und viel Mühe beim Klettern über Felsgestein
und durch Dornen, da der bequeme Aufstiegsweg nun endet.

Hier kann man dagegen einen guten Rastplatz finden: Man verlässt den Weg
kurz vor seinem Ende nach rechts, überklettert ein paar m einen Steinwall und
sucht sich einen guten Platz unter einem schattigen Baum. Man sitzt dann am
oberen Rand des genannten Talkessels, schaut nach vorn auf die südliche
Ebene Korsikas mit dem Meer und links davon direkt auf den Uomo di Cagna.

Für den weiteren Aufstieg folgt man den Steinmännern, die den Weg kurz vor seinem Ende nach rechts über loses Felsgestein verlassen. Diese Steinmänner führen, zum Teil nach etwas Suchen, links an die nördliche Hangseite des vor uns liegenden Berges Punta Sud de Cagna heran, streckenweise etwas unangenehm durch Dornengestrüpp. Man umgeht diesen und den 1209 m hohen Nachbarberg in einem großen Bogen nach rechts, um den Uomo di Cagna von hinten zu erreichen.

Einige Steinmänner führen auch zum südwestlichen Hang von Punta Sud de Cagna direkt auf den Uomo di Cagna zu, doch hören die Steinmänner bald auf. Wenn man von hier aus den Wackelstein vermeintlich so nahe vor sich sieht, hat man den Eindruck, dass er direkt an den Grat des Punta Sud de Cagna anschließt und man ihn auf diesem Weg schnell erreichen könne.

Doch in Wirklichkeit liegt der Uomo di Cagna noch weit hinter der Punta Sud de Cagna, und sein Vorberg ist der steilzackige Felsenberg Cima di Cagna, der von dieser Stelle aus vom Punta Sud de Cagna verdeckt ist. Wer den Uomo di Cagna von hier aus direkt erreichen will, muss sich äußerst mühsam über große, runde Felsblöcke und durch Gestrüpp und ohne Wegzeichen und Pfade vorankämpfen.

Etwas mühsam ist auch die blau gekennzeichnete nordöstliche Umkletterung der Punta Sud de Cagna. Nach geraumer Zeit erreicht der Steinmänner-Pfad einen überhängenden Felsen, unter dem man eine kurze, schattige Rast machen kann. Danach sollte man gelegentlich nach rechts den Hang hochschauen: In einem Einschnitt zwischen steilen Felsen führen Steinmänner, die man leicht übersieht, nach Süden den Hang hoch und dann recht bequem westlich an der Cima die Cagna vorbei zum Uomo di Cagna.

Diesen Pfad den Hang hoch übersieht man deshalb so leicht, weil der Steinmänner-Pfad am Hang entlang weiterführt und schließlich, nach Überquerung eines kleinen Grates, eine

Ein hohes Felsentor kurz vor unserem Wanderziel.

kleine Hochebene erreicht, eine friedliche Kuhwiese, die man überquert. Doch danach stellt man verwundert fest, dass der Pfad in einer Linkskurve wieder bergab geht, und man kommt zu der Erkenntnis, dass man jetzt den Abstieg der Nordroute erreicht hat, in die die Südroute unmerklich übergeht.

Doch für diejenigen, die den ersten Aufstieg verpasst haben, gibt es noch einen weiteren Aufstieg rechts hinter dem Ende der Kuhwiese, der auch durch

Steinmänner gekennzeichnet ist. Doch führt dieser Aufstieg wesentlich mühsamer als der erste über große Felsklötze nach oben. Auf diesem Weg kommt man nördlich an der Cima di Cagna vorbei, umgeht sie in einem Linksbogen, bis man nordwestlich vom Uomo di Cagna endlich dicht vor dem Wackelstein steht.

Wenn man ganz dicht an diesen Gipfel heranwill, kommt eine etwas schwierige, aber kurze und interessante Felskletterei westlich um die Vorfelsen des Wackelsteins herum. Vorher sollte man aber nicht versäumen, ein imposantes Felsentor am Grat zwischen Cima di Cagna und Uomo di Cagna zu besichtigen, wie überhaupt diese ganze herrliche Landschaft zum stundenlangen Umherklettern und Fotografieren einlädt.

Nach wenigen m Kletterei hat man einen sehr guten Blick zum Gipfelkopf und seinem Unterfelsen. Man kann noch höher und dichter heranklettern, doch dann wird die Sicht auf den Gipfelstein durch einen glatten Vorfelsen gestört, auf den normale Bergwanderer nur sehr schwer hinaufkämen. Doch wenn man an dieser Stelle nach links abbiegt und vom Wackelstein weg einen Gratfelsen nach Norden hinaufklettert, erreicht man eine optimale Sichtposition über den Vorfelsen hinweg.

Beginn des Abstiegs vom Uomo di Cagna über Felsplatten.

Wenn man unbedingt auf den unmittelbar vor dem Gipfelkopf stehenden glatten Vorfelsen hinaufwill, kann man diesen umgehen und kriechend zwischen dem Vorfelsen und seinem Fundament hindurch ohne große Kletterschwierigkeiten auf den Vorfelsen gelangen. Doch muss man dabei dicht am Abgrund entlangkriechen, was ich nicht empfehlen möchte, schon gar nicht für Kinder.

Auf unserer ersten Tour zum Uomo di Cagna, die wir bis zum Ende des Weges durchführten, war auch die Südroute noch wenig begangen und der Pfad oft schwer zu erkennen, und auf dem Rückweg verirrten wir uns halb verdurstet in der dornigen Macchia und mussten lange nach dem richtigen Pfad suchen.

Bei unserer zweiten Besteigung bis zum Gipfel war der Pfad auf der Süd-route nicht mehr zu übersehen, da er durch den immer stärker werdenden Touristenzustrom gut ausgetreten worden war. Aber der Aufstieg zum Uomo di Cagna war immer noch schwer zu finden; deshalb beschreibe ich ihn so ausführlich.

Doch inzwischen hat die Anzahl der Touristen noch weit mehr zugenommen, wie man an den überfüllten Parkplätzen beobachten kann. Jetzt gibt es eine blaue Markierung beim Aufstieg zum Uomo di Cagna. Dadurch wird sich das Finden des richtigen Pfades wahrscheinlich sehr vereinfachen.

Für den Rückweg ist auch auf der Nordroute der Abstieg vom Gipfelplateau nordwestlich von der Cima di Cagna zu empfehlen. Der kleine Umweg rentiert sich durch den angenehmeren Abstieg als bei der steileren Route nordöstlich der Cima di Cagna. Danach folgt man den Steinmännern nach rechts, über-

quert die Kuhwiese und steigt dann in einem großen Linksbogen durch ein locke-res Waldgebiet ab.

Für die Nordroute braucht man wegen des längeren Weges und des längeren Su-chens des richtigen Pfades ca. 1 Stun-de mehr als auf der Südroute. Am Anfang ist der Abstieg noch angenehm: Am west-lichen Rand eines Felsgipfels wandert

Der mühsame Rückweg durch den Baumheidewald auf der Nordroute.

man, von irritierend vielen Steinmännern geleitet, in nordöstlicher Richtung durch ein Gebiet mit lockerer Vegetation und vielen Felsen bergab auf das Ende eines flachen Hochtales zu, das als das Feld von Presarella bezeichnet wird. Dieses Feld ist über und über von meist mannshohen Baumheidesträu-chern bewachsen.

Hat man diesen Heidewald erreicht, beginnt das Leiden: Die Heidebüsche haben die schmalen Pfade oft völlig überwachsen, so dass man sich müh-sam und langsam durch das kratzige Kraut quälen muss. Gleichzeitig wird die Orientierung schwer, da man die Steinmänner am Boden meist erst dann entdeckt, wenn man an ihnen vorbeigeht.

71

Nach dem Erreichen des Hochtales merkt man nach einiger Zeit, dass der Pfad den Wanderer nicht nach Westen das Tal hinab, sondern nach Osten zum Ende des Tales hinaufführen will. Deshalb sollte man gleich zu Beginn auf einen Steinmann auf einem Felsen achten, der links vom Pfad aus dem Heidemeer auftaucht und den Beginn des Pfades nach unten kennzeichnet.

Der Pfad talabwärts führt nicht die Mitte des Tales entlang, sondern auf der linken Talseite (links in Wanderrichtung bergab) durch das Kraut, so dass man sich fragt, ob man nicht besser am Rande der Kratzbuschebene über die Steine hätte klettern sollen. Doch gelegentliche weiße Punkte und Striche zeigen an, dass man sich auf dem richtigen Pfad befindet, und Orientierung ist in einer solchen Wildnis ja das Wichtigste.

Nach einiger Zeit wird aus dem Heidewald allmählich ein Farnwald mit einzelnen Bäumen, Dornbüschen und Felsen dazwischen. Der Pfad wird etwas angenehmer. Das Tal senkt sich ab, wird steiler und verschwindet schließlich in einer tiefen Schlucht zwischen Felswänden. Der Pfad bleibt dagegen fast waagerecht am linken oberen Rand des Tales, bis dieser Rand zur Talöffnung hin sein Ende findet.

Nun beginnt ein fast endlos erscheinender Abstieg in stetigen Serpentinen nach rechts und nach links, bei dem man nichts weiter sieht als die umgebenden Bäume und Sträucher.

Mehrmals bei diesem völlig einsamen Abstieg erscholl der Ruf unserer Pfadfinder an der Spitze: „Der Weg geht hier nicht weiter!", ein Schreckensruf auf einer Rundwanderung, bei der eine Umkehr über die Gipfelregion von der Dunkelheit unterbrochen würde. Aber natürlich ging der Weg weiter, musste ja weitergehen, war nur zugewachsen; aber das Suchen kostete seine Zeit.

Nach der Baumheide wird der Abstieg auf der Nordroute wieder gangbarer und führt dann in Serpentinen durch Wald bergab.

Ein Weg, der in Serpentinen pausenlos bergab geht, muss logischerweise einmal ein Ende finden. Die Überquerung von zwei Bächen kündigt den Wandel an, und bei einem großen Steinmann mündet der Serpentinenweg auf einen breiten Fahrweg, dem man nach links folgt. Ca. 15 min. später erreicht dieser Weg das Dorf Giannuccio.

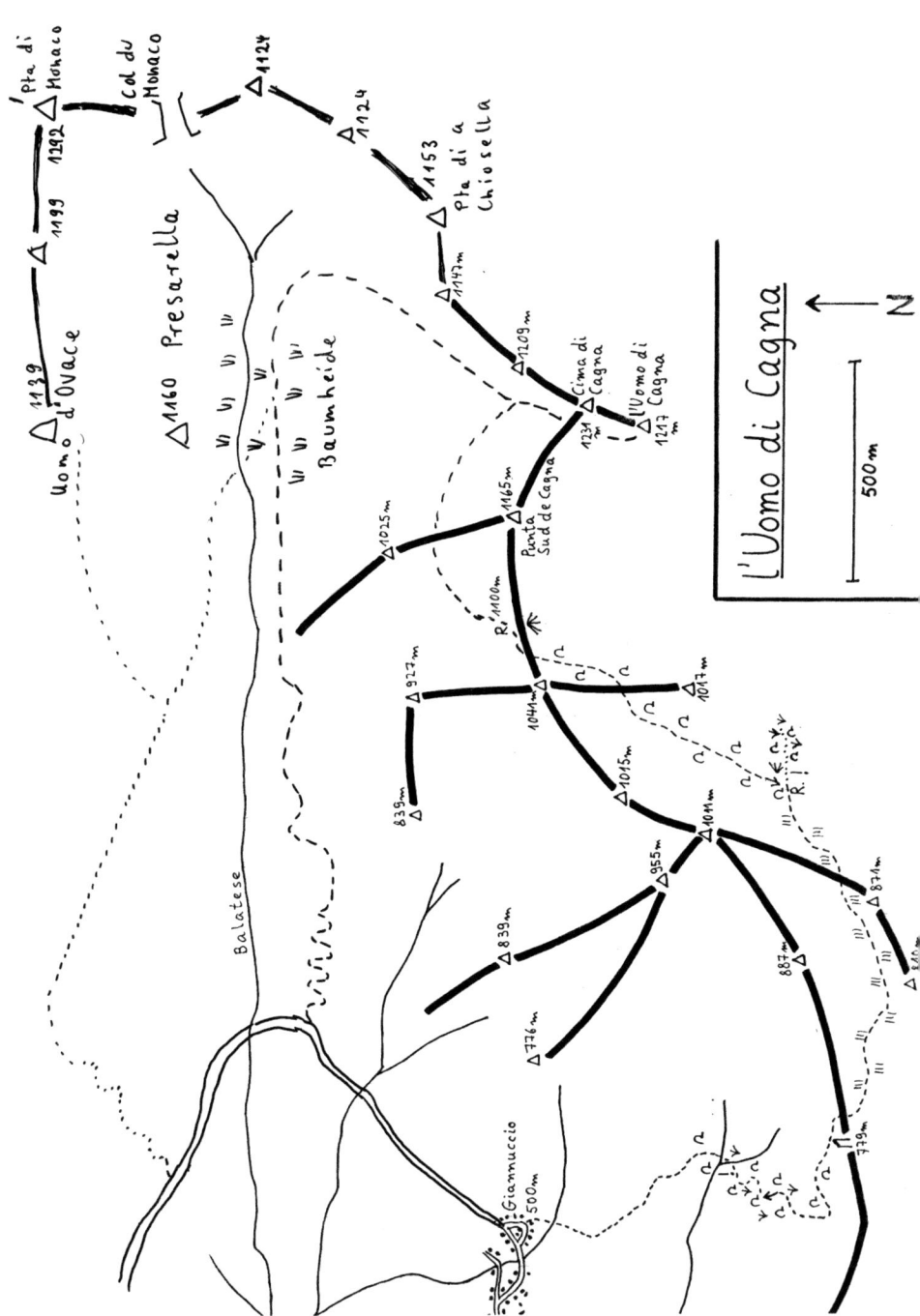

L'Uomo di Cagna

N ←

500 m

Uomo d'Ovace △1439
△1199
1192 △ Pta di Monaco
Col du Monaco
△1124

△1160 Presarella

△1124
△1153 Pta di a Chiosella

△1147m

Baumheide

△1109m
1134m Cima di Cagna
l'Uomo di Cagna 1217m

△1015m
△1165m Punta Sud de Cagna

R. 1000m

△917m
△1011m
△1017m

△839m
△1015m
△1011m

△955m
R. l'avo

△839m
△887m
△874m

Balatese

△776m
△379m

Giannuccio 500m

Cucuruzzu und Capula

Art:	Kurze Spaziergänge mit Besichtigung von Ausgrabungen
Alter:	ab 4 Jahren
Zeit:	2 x 15 min. + 2 x 10 min.
Steigung:	unwesentlich

Allgemeines

Cucuruzzu ist die Ausgrabungsstätte einer alten Siedlung der Torreaner, Einwohner Korsikas aus der Vorzeit. Die meisten Gebiete dieser Siedlung sind noch nicht ausgegraben. Interessant ist jedoch im Mittelpunkt des Geländes eine aus großen Natursteinen erbaute Burg, die das Ziel dieses Spaziergangs ist. Auf einem anderen Spaziergang vom gleichen Ausgangspunkt erreicht man Capula, eine hochaufragende vorgeschichtliche Festung.

Es sind jedoch nicht nur diese Burgen, die die kleine Tour lohnend machen. Cucuruzzu und Capula liegen südwestlich von Zonza inmitten einer schönen, ruhigen Berglandschaft wie am Ende der Welt. Es ist eine Fahrt in die Einsamkeit, und man genießt den Frieden der Landschaft. Diese beiden kurzen

Die vorgeschichtliche Festung Cucuruzzu mit der aus großen Steinen erbauten Verteidigungsanlage.

75

Touren füllen keinen Tag aus; aber sie sind als Abstecher eine gute Ergänzung einer Halbtagswanderung im Bavellagebiet oder nördlich von Ospedale. In früheren Jahren konnte man in diesem Gelände frei umherstreifen. Doch da jetzt alles Mögliche kommerzialisiert wird, muss man heute nach Verlassen des Parkplatzes an einem kleinen Holzhaus ein Ticket lösen.

Aber dafür bekommt man auch eine genaue Beschreibung des Weges mit einer Skizze in die Hand gedrückt auf Wunsch auch in deutscher Sprache. So kann man sich nicht verirren, und der ganze Weg ist in einer Art Lehrpfad beschrieben, nicht nur die Ausgrabungen, sondern auch bestimmte Felsen, große Bäume und andere botanische Auffälligkeiten.

Das hat uns gut gefallen, und so wird die kleine Waldwanderung zu einem gemütlichen Spaziergang, auf dem man immer wieder stehenbleibt, um die angegebenen Besonderheiten anzuschauen. Auch die Burg Cucuruzzu aus Natursteinen wird genau beschrieben, und man kann auf dieser kleinen Burg umhergehen und alles anschauen.

Tourenbeschreibung

Man fährt von Solenzara aus über den Bavellapass nach Zonza und von da nach San Gavino und Levie. Von Porto-Vecchio aus fährt man zunächst in Richtung Zonza, biegt aber vorher an der Bocca di Pelza nach links nach San Gavino ab. Ca. 3,5 km nach Levie biegt man nach rechts in eine kleine Nebenstraße, die direkt nach Cucuruzzu führt.

Kurz vor der Ausgrabungsstätte endet die Straße an einem Parkplatz. Nach Bezahlung des Tickets geht man nach links auf einem bequemen, überwiegend schattigen, leicht abfallenden Weg, zum Teil an einer alten, halbhohen Mauer entlang, hinter der vermutlich noch nicht ausgegrabene Teile der Siedlung liegen.

Nach ca. 15 min erreicht man die Burg Cucuruzzu, die aus dem Gelände herausragt. In der Mitte der Burg wird aus großen Felsblöcken ein kleiner Raum gebildet, der früher kultische Aufgaben gehabt haben soll. Vom Mittelpunkt der Anlage hat man einen sehr schönen Rundblick auf die überwiegend bewaldete Berglandschaft und nach Norden auf die hohen Felstürme am Bavellapass.

Um die Burg herum ist aus Felsblöcken ein meist unterirdischer Rundgang gebaut worden, der früher wahrscheinlich als Schutz bei der Verteidigung diente. Diese Gänge zu entdecken und zu durchklettern ist für die Kinder ein Vergnügen, doch sind die meisten Gänge verschüttet oder durch Dornen versperrt.

Inmitten der vorgeschichtlichen Festung Cucuruzzu.

Man sollte außer Cucuruzzu auch die benachbarte vorgeschichtliche Burg Capula besichtigen, die bei der Rundwanderung oder vom Ende der Straße aus in Verlängerung der Fahrtrichtung auf einem landschaftlich schönen Fußweg in ca. 10 min erreicht wird.

Diese Festung, die im Mittelalter noch weiter ausgebaut wurde, liegt links vom Weg hinter einer kleinen Kapelle. Sie steht auf hohen Naturfelsen, die eine Schutzmauer überflüssig machen. Die Anlage ist größer als die Burg von Cucuruzzu, aber auch unübersichtlicher. Der Charakter einer vorgeschichtlichen Burg mit turmartigem Felsgebäude in der Mitte, Innenhof und schützender Mauer wird in Cucuruzzu wesentlich deutlicher vor Augen geführt.

Bonifacio und Steilküstenwanderung

Art: Küstenwanderung

Alter: ab 5 Jahre

Zeit: 2 x 1½ Stunden

Steigung: 100m

Allgemeines

Die Stadt Bonifacio ist eine der am meisten besuchten Sehenswürdigkeiten Korsikas. Fast jeder Tourist wird am Hafen entlangbummeln, in die Restaurants und in die vielen Läden hineinschauen. Dann wird er die breite Treppe zur oberen früheren Festungsstadt hinaufsteigen, und nach all den Besichtigungen wird er noch an einer Bootsfahrt um die Halbinsel herum teilnehmen mit großartigen Blicken auf die alte Festung hoch oben auf dem Felsen.

Die Festung von Bonifacio mit Toreinfahrt.

Doch nur wenige Touristen wissen, dass es oberhalb der Unterstadt einen kurzen Wanderweg gibt, der fantastische Blicke aufs Meer und auf die Steilküste freigibt.

78

Vor vielen Jahren sind wir bereits diesen Weg entlanggewandert. Schon damals hatte man schöne Fernblicke; aber Tiefblicke auf die steilen Klippen der weißen Kreidefelsen wären damals dicht am Abhang zu gefährlich gewesen, und man musste auf die Kinder achten, dass sie dem Abhang nicht zu nahe kamen.

Doch nun kann man auf diesem Wanderweg fast überall direkt an den Abgrund treten und ohne Gefahr tief aufs Meer und auf die weißen Klippen hinabblicken. Überall an den schönsten Aussichtspunkten und fast den ganzen Weg entlang ist eine ca. 1 m hohe und ca. 50 cm breite Mauer gebaut worden bis unmittelbar an den Abgrund.

Diese Mauer macht den Wanderweg besonders interessant. Es ist überwältigend, über diese Mauer in die Tiefe zu schauen, vor allem bei guter Sicht und Sonnenschein. Das tiefblaue Meer, der hellblaue Himmel und die Kreideklippen ergeben farblich ein wunderschönes Bild, und auf dem Meer fahren die weißen Ausflugsschiffe und ziehen einen hellen Schaumstreifen hinter sich her, insgesamt ein traumhafter Anblick.

Blick von der Festung auf die Unterstadt und den Hafen

Dieser Wanderweg hat nur einen Nachteil: Er ist im Sommer heiß und teilweise steinig ohne Schatten. Wenn der Wind nur schwach weht, hat man kaum etwas Kühlung, da der Pfad außerhalb der Aussichtspunkte zwischen Sträuchern entlangführt, die einen schwachen Wind schlucken. Wesentlich angenehmer ist die Wanderung bei einer Windstärke 4 bis 5. In der Zeitung „Corse Matin" oder im Internet kann man die Wetterbedingungen und die Windstärken des nächsten Tages erfahren. Doch wegen des fehlenden Schattens sollte man immer einen breiten Sonnenhut oder einen leichten Sonnenschirm mitführen.

Eine zweite Hürde ist die totale Überfüllung der Parkplätze in der Hochsaison. An einem Tag sind wir gegen 9 Uhr morgens von unserem Campingplatz nahe Aleria losgefahren. Wegen der Staus vor Bonifacio erreichten wir die Stadt erst nach 3 Stunden, und alle Parkplätze waren besetzt. Beim nächsten Mal sind wir gegen 7 Uhr morgens losgefahren und waren um 8.45 Uhr in Bonifacio, und einen Parkplatz zu finden war kein Problem.

Von der Festung aus geht der Weg bergauf um auf die Klippen zu gelangen. Dabei zeigt sich die Festung von Bonifacio von ihrer schönsten Seite.

Man kann die Wanderung oberhalb der breiten Treppe zur Oberstadt von zwei Parkplätzen aus beginnen. Vom Parkplatz der Unterstadt aus hat man einen längeren Anmarschweg und muss die breite Treppe zur Oberstadt hinaufsteigen und danach noch einen weiteren Aufstieg zu Beginn des Wanderweges. Das ist in der Morgenkühle bei früher Ankunft leicht zu schaffen, und bei der Rückkehr in der Mittagshitze wandert man zum Schluss nur noch bergab.

Beim Parkplatz in der Oberstadt hat man morgens einen kurzen Weg bergab, muss allerdings mittags in der Hitze zur Oberstadt wieder aufsteigen.

Eine dritte Möglichkeit ergibt sich, wenn man die Wanderung von der Straße beginnt, die zum Leuchtturm nahe der Südspitze Korsikas führt.

Der ganze Wanderweg ist auch mit Kindern in 2 x 1 Stunde gut zu schaffen. Mit Fotopausen und einer sonnigen Rast an einem windigen Platz nahe der Straße dauert er natürlich länger. Insgesamt wäre es eine Halbtagstour, die man mit einer nicht allzu langen Besichtigung Bonifacios verbinden könnte.

Tourenbeschreibung

Die Anfahrt nach Bonifacio braucht nicht lang beschrieben zu werden, da man stets die Hauptstraße von Bastia nach Bonifacio entlangfahren muss, die in Bonifacio endet. Lediglich bei den vielen Stellen mit Kreisverkehr sollte man etwas aufpassen, da die Beschilderung nach Bonifacio nicht immer deutlich ist.

Die Unterstadt Bonifacios hat man erreicht, wenn man rechts das Hafenbecken mit den vielen Booten sieht und links einen großen Parkplatz. Will man auf den unteren Parkplatz, muss man sich links einfädeln, zur Oberstadt nach rechts. Kurz hinter dem Hafenbecken führt die Straße zur Oberstadt rechts bergauf.

Will man zum unteren Parkplatz fährt man links und hält sich auf der Straße nach links. Zuerst kommt eine Abzweigung nach links für parkende Motorräder, danach zeigt ein Pfeil nach links zu den Parkplätzen.

Bei sehr früher Ankunft kann man sich zwischen zwei Parkplätzen entscheiden. Der Parkplatz rechts ist frei zugänglich und ohne Parkgebühr, da man von dort einen längeren Fußweg zum Hafen hat. Meist ist dieser Parkplatz aber überfüllt, weil die Gebühren beim Parkplatz am Hafen doch recht hoch sind. Dieser Parkplatz ist durch eine Schranke geschlossen. Man erreicht die Schranke zur Einfahrt, wenn man den Parkplatz nach links fast umrundet hat, auf der linken Straßenseite.

Vor der Schranke kann man ein Parkticket ziehen, wonach sich die Schranke öffnet; allerdings geschieht dies nur dann, wenn die Anzeige grün ist. Ist die Anzeige rot, liest man „complet" und kann nicht hineinfahren. Dann muss man vor der Schranke so lange warten, bis ein Auto vom Parkplatz aus die Ausfahrtsschranke passiert hat. Hat man nur wenige Autos vor der Einfahrtsschranke vor sich, kann man eine unbestimmte Zeit warten und hoffen; ansonsten muss man sich eine andere Parkmöglichkeit suchen, was recht schwierig ist.

Nach dem Ende der Besichtigungen zahlt man an einem Automaten am Fußgängereingang am Hafen eine Gebühr, nachdem man sein Parkticket hineingesteckt hat. Bei einer Parkdauer von ca. 1 Stunde zahlten wir 2,50 Euro; nach einer Parkdauer von 6 Stunden mussten wir 10 Euro bezahlen, wahrscheinlich die Tagesgebühr.

Will man zu einem Parkplatz der Oberstadt, fährt man vom Hafen aus rechts eine Straße hoch, die hinter den Häusern der Unterstadt entlangführt und dann rechts an der Oberstadt vorbei nach oben. Am besten hält man sich rechts und erreicht hinter der Oberstadt neben einer früheren Kaserne der Fremdenlegion rechts von der Straße oberhalb des Abhanges zur Hafenzufahrt einen langgezogenen Parkplatz, der sich nach rechts unten noch fortzieht. Die Parkprozedur mit Tickets und evtl. Wartezeiten bei Überfüllung ist genauso wie beim Parkplatz neben dem Hafen. Von diesem Parkplatz aus hat man einen schönen Blick auf die Hafeneinfahrt.

Wenn man sich die Zeit nehmen will, kann man auf der anderen Seite des Stadtfelsens noch den oberen Beginn der Treppe sehen, die vom Ufer die Steilwand nach oben reicht. Der Ursprung der Treppe ist unbekannt; der Sage nach hätten Feinde sie in den Kreidefelsen geschlagen, um die Stadt von hinten zu erobern. Heute ist die Treppe abgesperrt; aber man kann ihren oberen Anfang sehen und fotografieren.

Blick auf die Steilküste Richtung Südosten. Der Turm im Bild ist noch nicht der Leuchtturm an der Südspitze.

Daneben befindet sich ein Restaurant, das direkt an den Abgrund gebaut wurde. Man sitzt dort im Schatten und kann durch eine Glasscheibe in den Abgrund schauen.

Ansonsten geht man vom Parkplatz aus sich links haltend durch die engen Gassen der Altstadt immer bergab, bis man das Stadttor erreicht hat. Rechts davor befindet sich eine öffentliche Toilette. Vom Stadttor aus geht man eine schräge Fläche nach unten und erreicht dann oberhalb der breiten Treppe, die von der Unterstadt nach oben führt, die Passhöhe zwischen der Altstadt und dem Felsaufbau oberhalb der Unterstadt.

In der ersten Hälfte führt der Weg direkt an der Klippe entlang und ist durch eine Mauer abgesichert. Im Hintergrund die Festung von Bonifacio.

Von der Unterstadt aus geht man den Weg zwischen dem Hafen und den vielen Restaurants und Läden entlang und steigt dann nach links die breite Treppe nach oben bis zur Passhöhe.

Der Wanderweg beginnt von der Passhöhe aus auf einem zunächst breiten, gepflasterten Weg steil nach oben. Weiter oberhalb wechselt die Pflasterung zu flachen Felsplatten, bis man die Höhe der Felsenklippen über dem Meer erreicht hat. Auf dem Aufstiegsweg hat man einen guten Blick auf die Unterstadt und den Hafen mit den vielen Booten, und zurück auf die Altstadt, deren Häuser teilweise bis an den Rand überhängender Felsen gebaut wurden.

Der Wanderweg führt dann, nur noch leicht ansteigend, ca. 10 m bis 20 m vom Abgrund entfernt über flache Felsplatten oder durch Sand meist zwischen Sträuchern beiderseits, die den Wanderer von dem schönen, kühlen Wind abschirmen.

Doch sollte man zwischendurch allen Pfadspuren folgen, die nach rechts zur Felskante führen; denn sie enden meist an bezaubernden Aussichtspunkten direkt am Abgrund mit tollen Tiefblicken auf das Meer und die Kreidefelsen.

Den ersten Aussichtsplatz gleich hinter dem steilen, gepflasterten Aufstieg haben wir erst bei der Rückkehr gefunden. Auf einer großen Terrasse hat man von der Mauer aus einen fantastischen Gesamtblick auf die Altstadt mit den hohen Mauern und steilen Felsabstürzen.

So ist dieser Weg, den man in einer knappen Stunde durchwandern könnte, sehr abwechslungsreich durch die vielen Aussichtspunkte, und man kann die älteren Kinder Pfadfinder spielen lassen, damit man keinen dieser Aussichtspunkte versäumt.

Auf halbem Wege kommt man an einem kleinen Gebäude vorbei, das mit dicken Mauern festungsartig gebaut wurde. Auf unserem früheren Ausflug fanden wir dort nur eine Ruine, die später wieder aufgebaut wurde. In dem geschlossenen, überwiegend leerstehenden Gebäude sieht man durch ein Fenster einige Sitzmöbel und einige Bilder an den Wänden.

Man kann um das Haus herumgehen und erreicht auch dort einen schönen Aussichtspunkt vor der Schutzmauer. An der am Vormittag sonnigen Seite des Gebäudes befindet sich ein Wasserhahn, der auf Knopfdruck Wasser zum Abkühlen oder Trinken spendet. Auf der entgegengesetzten Seite befindet sich in Sitzhöhe ein Sims, auf dem man, mit dem Rücken gegen das Haus gelehnt, gut sitzen kann. Diese Sitzgelegenheit ist am Vormittag der einzige Schattenplatz der ganzen Wanderung, wo man sich für eine kurze Zeit von der Sonnenglut erholen kann.

Der Wanderweg führt zum Schluss etwas steil nach oben, teilt sich in mehrere Pfade und erreicht dann eine Straße, die nach rechts zu einem Leuchtturm dicht an der Südspitze Korsikas führt. Wenn man den rechten Pfad wählt, erreicht man kurz vor der Straße einen Platz, an den der kühlende Wind gut hinkommt, dass man dort auf einem Sitzstein trotz der glühenden Sonne eine gute Rast machen kann.

Der letzte Teil des Weges kurz vor der Straße ist nicht mehr durch Zäune und Mauern zum Abgrund hin gesichert, sodass man dort abenteuerlustige Kinder wieder im Auge behalten sollte.

Wer trotz der Hitze noch wanderfreudig ist, kann auf der Straße zum Leuchtturm noch eine knappe Stunde weiterwandern und findet kurz vor dem

Leuchtturm noch eine Möglichkeit, zu einem kleinen Strand abzusteigen, um sich dort zu erfrischen. Diese Tour wird im folgenden Kapitel genauer beschrieben.

Man kann den Wanderweg die Steilküste entlang auch von dieser Straße aus beginnen. Das hat den Vorteil, dass man sich die mühsamen Auf- und Abstiege von Bonifacio aus sparen kann. Man wandert dann von der Straße aus nur bis zu dem Aussichtsplatz auf der großen Terrasse, von dem aus man den Gesamtblick auf die Altstadt hat. Den Abstieg zur Stadt auf dem steilen, gepflasterten Weg erspart man sich dann, wenn man denselben Weg wieder zurückgeht.

Die weißen Kreideklippen mit ihren z.T. bizarren Formen bieten einen imposanten Kontrast zum blauen Meer. Im Hintergrund die Festung von Bonifacio.

Den Ausgangspunkt für diese Wanderung erreicht man folgendermaßen: Wenn man, von Norden kommend, das Hafenbecken zur rechten Seite sieht, biegt man dann nicht nach rechts zur Altstadt ab, sondern biegt nach links ab, hält sich auf dieser Straße, die auch zum unteren Parkplatz führt, aber rechts. Nach kurzer Zeit führt eine Abzweigung nach rechts mit dem Straßenschild „Capu Pertusato". Dies ist die Straße, die zum Leuchtturm nahe der Südspitze Korsikas führt. Diese Straße fährt man nun bergauf und hält sich geradeaus oder rechts.

Nach einer Linkskurve sieht man vor sich die Straße bergauf an ihrer höchsten Stelle in den Himmel ragen. An der rechten Straßenseite stehen meist mehrere Autos. Genau in der Linkskurve beginnt nach rechts der auf der genauen Karte 1:25.000 von Bonifacio eingetragene Wanderweg die Steilküste entlang. Zu Beginn des Weges steht ein Pfahl mitten auf dem Weg.

Doch der Pfad führt etwas steinig bergab. Bequemer geht man, wenn man noch ca. 200 m weiter fährt fast bis zum höchsten Straßenpunkt. Dort beginnt ein angenehmerer Weg, dessen Anfang durch einen breiten und kurzen Kiesaufstieg zu erkennen ist, bevor der Weg dann bergab führt. Das ist der meistbegangene Weg. Beide Wege vereinen sich bergab nach ca. 300 m.

Wenn man bei beiden Weganfängen wegen zu vieler Autos nicht mehr parken kann, fährt man auf der Straße eine kurze Strecke weiter. Nach einer neuen Linkskurve erkennt man ein Gebäude mit einem Turm, das als Militärgelände abgesperrt ist. Dort findet man freie Parkplätze und geht danach zurück zu dem Einstieg des oberen Weges.

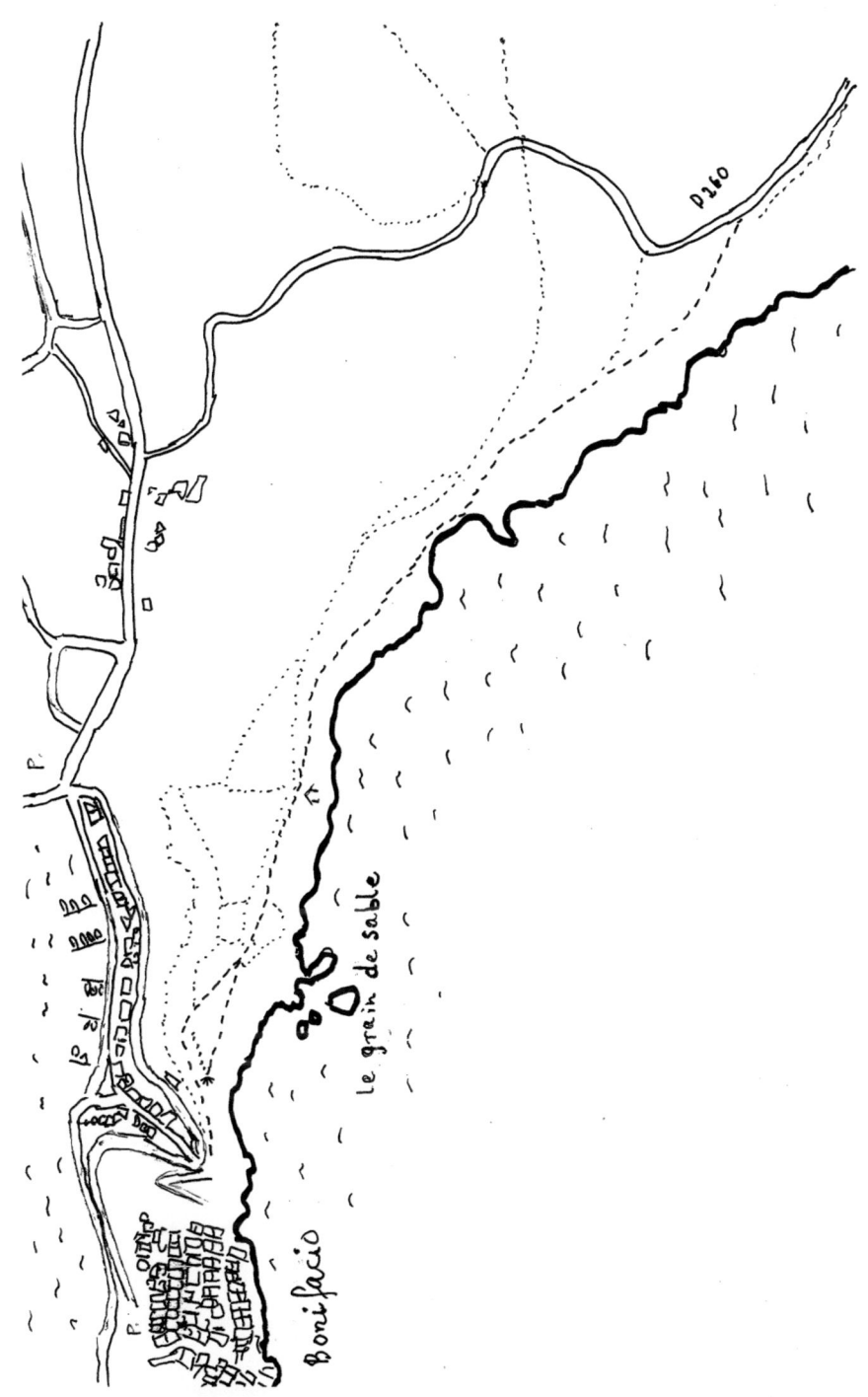

D160

Le grain de sable

Bonifacio

87

Capu Pertusato

Art:	Küstenwanderung
Alter:	ab 5 Jahre
Zeit:	2 x 1½ Stunden
Steigung:	100m

Allgemeines

Dieser leichte und bequeme Spaziergang auf der Straße zum Leuchtturm empfiehlt sich als Ergänzung eines Besuches von Bonifacio. Es geht auf einem meist unbefestigten Fahrweg in einer hügeligen Landschaft leicht bergab und wieder bergauf, und man hat schöne Ausblicke in felsige Seitentäler und in die Ferne auf einige der Korsika vorgelagerten Inseln und bei guter Sicht sogar bis Sardinien.

Der Weg, auf dem man geht, ist asphaltiert. Im Hintergrund das Ziel: Der Leuchtturm.

Der Spaziergang ist angenehm, wenn etwas Wind weht. Ohne den Wind kann es auf dem Weg bei sonnigem Wetter auch heiß werden, da es auf der ganzen Strecke keinen Schatten gibt. Das gesamte Gelände ist vorwiegend mit Sträuchern bewachsen.

Nach einer guten halben Stunde, die sich durch Fotopausen auch verlängern kann, geht es zum Schluss etwas bergauf zu dem Leuchtturm mit seinem massiven Unterbau. Das Gelände ist abgesperrt und nicht zu betreten; aber man kann zum Teil um den Turmbereich herumgehen und hat hinter dem Turm einen Blick auf die Felsen der Südspitze.

Um den Turm herum wachsen viele Agaven mit ihren fleischigen, spitzen Blättern. Nach einer langen Wachstumszeit entwickelt diese ca. ein bis eineinhalb Meter hohe Pflanze einen riesigen Blütenstand, der viele Meter in die Höhe ragt und an kleinen Verästelungen Blüten und später Früchte trägt. Die Anstrengung der Pflanze für diesen Riesenwuchs ist so groß, dass die Agave danach abstirbt. Bei unserem Besuch waren mehrere dieser riesigen Blütenstände zu bewundern.

Kurz vor dem Leuchtturm zweigt ein Pfad zum Strand vom Capu Pertusato und von der Grotte ab. Im Hintergrund sind die Berge von Sardinien zu sehen.

Manche Besucher auf diesem Fahrweg tragen Sonnenschirme mit sich; denn kurz vor dem Leuchtturm führt ein Pfad zu einem kleinen Sandstrand neben imposanten Felsen im und am Meer. Da die Felsengegend um Bonifacio an Sandstränden arm ist, bietet sich hier die Gelegenheit zu einem Strandbesuch. Man sollte aber beim Baden sehr vorsichtig sein, da sich an der Südspitze Korsikas starke Strömungen bilden können.

Tourenbeschreibung

Von Norden kommend erreicht man die Stadt Bonifacio zwischen dem Hafenbecken rechts und einem großen Parkplatz links. Dahinter zweigt rechts die Straße zur Altstadt ab. Wir biegen nach links ab, halten uns aber auf der Straße rechts, da linke Abzweigungen zum Parkplatz führen. Kurz hinter den Abzweigungen führt eine Straße nach rechts bergauf. Ein Schild mit der Aufschrift „Capu Pertusato" weist auf das Gebiet des Leuchtturms hin.

Auf dieser Straße hält man sich rechts, fährt meist bergauf und erreicht nach einer Linkskurve den Beginn der Klippenwanderung, wo meist mehrere Autos parken. An ihrer höchsten Stelle macht die Straße eine weitere Kurve nach links und endet für den Touristen kurz hinter einem Militärgelände, auf dem ein Gebäude mit einem eckigen Turm steht. Dieses Gelände ist eingezäunt. Hier finden sich Parkplätze, die auch in der Hochsaison ausreichend Platz bieten.

Blick von Leuchtturm zum Strand und auf den Felsen Île St. Antoine.

Der weitere Fahrweg ist durch eine Kette abgesperrt. Hier beginnt der Spaziergang. Eine genaue Beschreibung der weiteren Strecke erübrigt sich, da der Fahrweg in einer hügeligen Landschaft bergab und bergauf mit vielen Kurven direkt zum Leuchtturm führt, den man bereits zu Beginn der Wanderung in der Ferne erkennen kann.

Auf der genauen Karte 1:25.000 von Bonifacio sind neben dem Fahrweg zwei Abkürzungspfade eingezeichnet. Aber diese sind nicht so leicht zu finden, da es mehrere Pfadspuren gibt. Außerdem führen die Abzweigungen teilweise steinig und eng durch Buschgelände bergauf und bergab. Da der Spaziergang auf dem Fahrweg zum Leuchtturm ohnehin recht kurz ist, empfehle ich die beiden Abkürzungen nur für Abenteuernaturen.

Ca. 200 m vor dem Leuchtturm führt ein deutlicher Pfad nach rechts bergab zu dem kleinen Strand. Vom Fahrweg aus erkennt man ein großes, beschriftetes Schild. Steigt man zu diesem Schild hinab, sieht man von dort den kleinen Sandstrand links und daneben rechts große Felsen.

Abenteuerlustige Wanderer können kurz nach Beginn der Tour nach rechts absteigen und finden dann in Meeresnähe unter überhängenden Felsen eine Grotte.

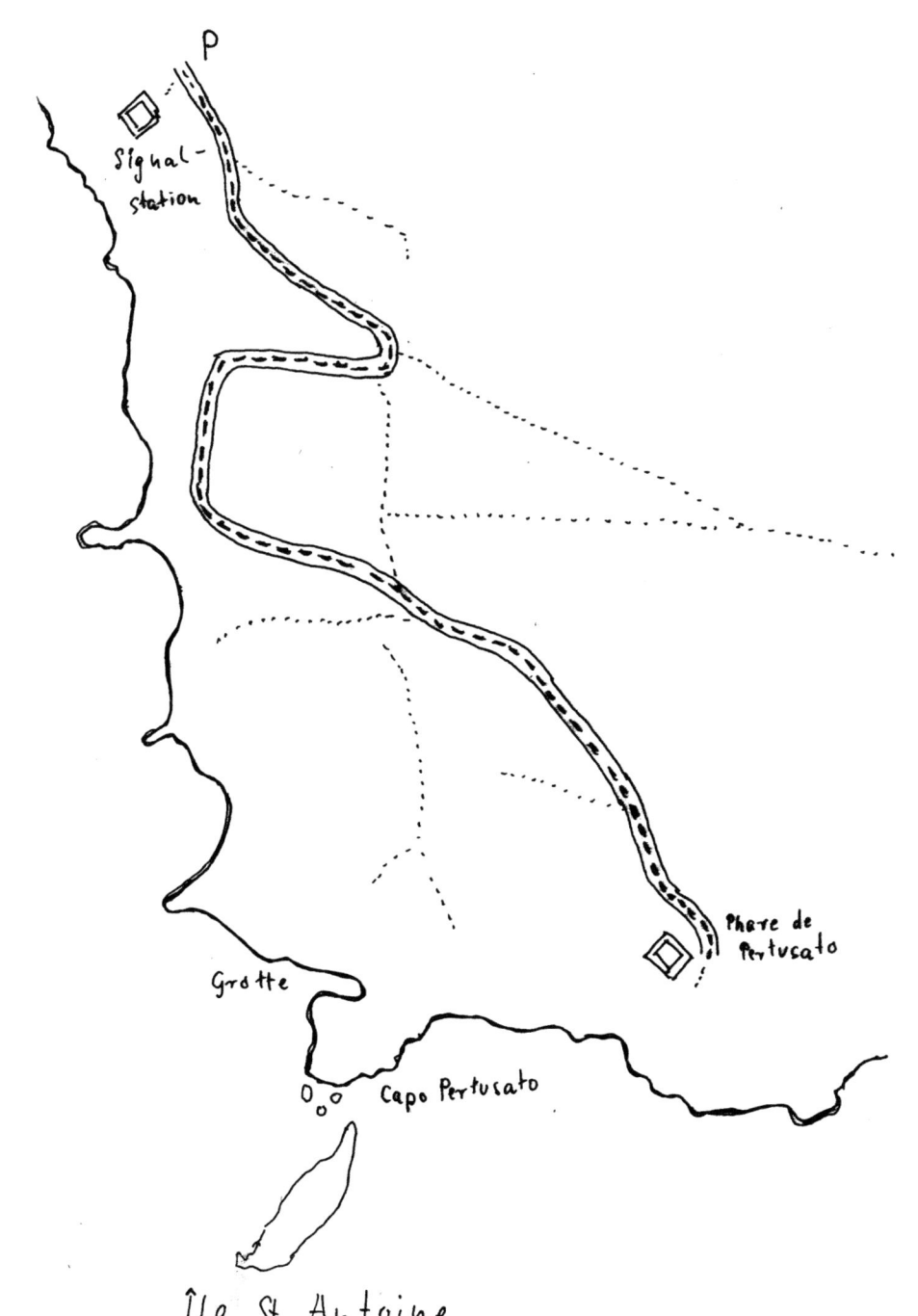

P

Signal-
station

Grotte

Capo Pertusato

Phare de
Pertusato

Île St. Antoine

Lavezzi

Art:	Bootsfahrt und Inselwanderung
Alter:	ab 5 Jahre
Zeit:	2 x 1½ Stunden
Steigung:	keine

Allgemeines

Ein ganz besonderes Abenteuer ist es, von Bonifacio aus eine Bootsfahrt zu der unter Naturschutz stehenden Insel Lavezzi östlich von Bonifacio zu unternehmen. Schon die Fahrt dahin kann bei einem etwas stärkeren Wind zu einem aufregenden Erlebnis werden.

Segeljachten auf dem blauem Wasser vor Lavezzi in der Cala di u Grecu.

Die Hinfahrt um die Altstadt herum nach Lavezzi dauert etwa eine halbe Stunde. Die Rückfahrt dauert dagegen eine Stunde, da dann an mehreren Inseln der Superreichen vorbeigefahren wird, und statt der direkten Rückfahrt zum Hafen wird dicht an Korsikas Steilküste entlanggefahren, um die Grandiosität der Kreidefelsen zu zeigen.

93

Auf der Insel Lavezzi gibt es überwältigende Felslandschaften. Das sandige Gelände dazwischen ist mit Gras und einigen Büschen bewachsen. Auf einem Rundweg kann man in ca. eineinhalb bis zwei Stunden den südlichen Teil der Insel durchwandern; der nördliche Teil der streng geschützten Insel ist nicht zu betreten.

![Badebetrieb an der Cala della Chiesa.]

Badebetrieb an der Cala della Chiesa.

Dieser Rundweg bietet eine landschaftlich wunderbare Wanderung. Besonders schön sind die vielen kleinen Buchten, an denen man vorbeikommt, und in deren Hintergrund oft mehrere Boote ankern. Für viele Touristen sind diese malerischen Buchten die Hauptsache. Die Besucher führen deshalb auf dem Boot Sonnenschirme und Badesachen mit sich.

Allerdings haben die meisten Buchten nur flaches Wasser und sind eher für Kinder zum Baden interessant. Aber für viele Touristen ist die Schönheit der Bucht oder ihre Einsamkeit das Wichtigste, und sie begnügen sich mit einem Fußbad.

Auf dem Rückweg kamen wir an der größten und für badefreudige Personen schönsten Bucht vorbei, deren Wasser schnell tief wird. Man kann dort gut baden und schwimmen und von zwei Felsen aus ins kühle Wasser springen. Am Ausgang der Bucht ankern große Boote; aber durch Bojen ist ein größerer Schwimmbereich freigehalten worden.

Der Friedhof Cime de l'Acharino, wo die Opfer des Schiffsunglücks begraben sind.

Doch für uns waren die Buchten nur wunderschöne Nebensachen. Die Insel ist eigentlich zu schade, um nur zum Baden betreten zu werden. Für uns war es eine landschaftlich sehr schöne Rundwanderung mit einer Badepause an der schönsten, oben beschriebenen Bucht.

Die Insel hat man so natürlich gelassen, wie sie war. Die einzige Änderung ist ein Anlegesteg für die Ausflugsboote. Es steht dort kein Haus, und es gibt dort auch keine Möglichkeit, irgendwo in ein Restaurant einzukehren oder wenigstens an einem Stand Getränke zu kaufen. Man muss alle Lebensmittel und Getränke mitnehmen. Die Insel ist unbewohnt, und auch Camping ist nicht erlaubt, und nach dem Ablegen des letzten Bootes liegt die Insel wieder

Der Achiarina-Strand in der Cala Lazarina.

in völliger Einsamkeit.

Tagsüber in der Hochsaison ist die Insel aber keineswegs einsam; denn allein von Bonifacio aus fahren stündlich Boote zur Insel, von Porto Vecchio aus noch weitere. Zu Beginn der Wanderung läuft man in einem großen Pulk von Touristen; aber die Insel ist groß genug und hat so viele schöne Buchten, dass man bald darauf zwar nicht allein ist, aber auch keine Leute mehr direkt neben sich hat.

Es ist wichtig zu wissen, dass die Insel keine Schattenplätze hat, da auf ihr keine Bäume wachsen. Man sollte sich daher bekleidungsmäßig auf eine starke Sonnenbestrahlung einstellen. Wir hatten auf unserer Inselwanderung einen schönen, kühlen Wind der Stärke 4. Dadurch war es auf der ganzen Insel angenehm frisch bei der Wanderung. Bei weniger Wind kann es aber auch sehr heiß werden. Es ist ratsam, sich vor der Bootsfahrt nach den Windverhältnissen zu erkundigen.

Es ist gut und richtig, dass man konsequent bei dieser herrlichen, unter Naturschutz stehenden Insel auf jegliche Bebauung und auf eine Bewirtung der vielen Touristen verzichtet hat. Dennoch, wenigstens bei der Anlegestelle, wo man ohnehin mit dem Landungssteg in die Unberührtheit der Natur eingegriffen hat, wären ein oder zwei Toilettenhäuschen angebracht gewesen. Bei dem starken Besucherstrom und der niedrigen Vegetation ist es schwierig, ein Plätzchen für die Notdurft zu finden.

Die Anlegestelle der Fähre.

Es fahren zwar den ganzen Tag über im Stundentakt Boote von Bonifacio aus nach Lavezzi und zurück; dennoch ist es zumindest in der Hochsaison dringend erforderlich, für die Tour möglichst früh in Bonifacio anzukommen, bevor die großen Parkplätze am Hafen besetzt sind. Es wäre jammerschade, wenn man nach der langen Fahrt nach Bonifacio vor der geschlossenen Schranke des Parkplatzes endlos lange im heißen Auto in einer Warteschlange stehen muss, bis endlich mal wieder einige Besucher den Parkplatz verlassen haben.

Im Boot bieten bei gutem Wetter die Sitzplätze oben auf dem Dach natürlich die schönsten Ausblicke im frischen Wind. Doch wer einen dieser Plätze ergattern will, sollte das Boot nicht erst kurz vor der Abfahrt erreichen.

Tourenbeschreibung

Von Norden kommend erreicht man die Stadt Bonifacio, wenn man rechts das Hafenbecken mit den anliegenden Booten sieht. Links befindet sich ein großer Parkplatz, der aber nur von hinten erreichbar ist. Man muss sich auf der zweispurigen Einbahnstraße nach links einordnen, da rechts hinter der Häusergruppe am Hafen die Straße zur Altstadt abzweigt.

Man biegt auf der Straße nach links und hält sich weiterhin links. Der erste weiße Pfeil auf der Straße führt zum Parkplatz für Motorräder, dem zweiten Pfeil folgt man nach links. Danach befindet sich rechts von der Straße ein großer Parkplatz, der wegen der längeren Entfernung vom Hafen kostenfrei und nicht eingezäunt ist. Wegen der Kostenfreiheit ist er aber schnell überfüllt.

Hat man dort keinen Parkplatz gefunden, biegt man am Ende der Straße noch einmal nach links, so dass man den Parkplatz am Hafen fast umrundet hat. Dann sieht man links eine Schranke, und wenn der Parkplatz noch freie Stellplätze hat, öffnet sich die Schranke nach dem Ziehen einer Parkkarte.

Nach der Tour findet man an dem Fußgängereingang vom Hafen aus einen Automaten, an dem wir nach der Inselfahrt 10 Euro für 6 Stunden Parkzeit bezahlen mussten, wahrscheinlich der Preis für einen Tagesaufenthalt.

Auf dem Weg kommt man an Felsen mit interessanten Verwitterungen vorbei.

Geht man vom Parkplatz aus zum Hafen, sieht man links ein freistehendes, langgezogenes Gebäude, wo man die Fahrkarten nach Lavezzi kaufen kann, das waren 2012 pro Person 35 Euro. Beim Betreten des Bootes am Ende des Hafenbeckens wird von der Karte ein Teil abgerissen; man muss sie aber aufbewahren, da sie vor der Rückfahrt noch kontrolliert wird.

Die Abfahrtszeiten nach Lavezzi waren im Stundentakt von morgens bis zum frühen Nachmittag immer zur halben Stunde. Die Rückfahrt erfolgte vom Vormittag bis zum späten Nachmittag planmäßig jeweils zur vollen Stunde.

Auf der Insel kommt man, wenn man vom Landesteg aus nach links geht, in ca. 15 bis 20 min. an

Das Innere der Insel ist mit Gras und Felsen bedeckt.

den oben beschriebenen großen Badestrand. Will man die Insel durchwandern, hält man sich nach rechts vom Landesteg aus.

Viele schmale oder etwas breitere Sandwege führen über die Insel und immer wieder an neuen Buchten vorbei. An den Kreuzungen der breiteren Wege findet man kleine Meilensteine, auf denen die Ziele der verschiedenen Richtun-

Strand an der Cala di u Ghiuncu. Im Hintergrund Sardinien.

gen vermerkt sind, u.a. auch der Rückweg zur Anlegestelle. So erübrigt sich eine genaue Wegbeschreibung, die bei der Fülle von nicht offiziellen Pfaden auch schwierig wäre. Auf jeden Fall findet man auf diese Weise sicher den Rückweg zum Landesteg.

Hat man die Insel fast umrundet, so kommt man, wenn man die Rundtour gegen den Uhrzeigersinn begonnen hat, an dem schönsten und breitesten Strand vorbei, um dort eine Badepause einzulegen. Dort befindet sich auch ein Friedhof, auf dem viele hundert Schiffsbrüchige begraben liegen, nachdem ihr mit Munition beladenes Kriegsschiff im 19. Jahrhundert explodiert war, was kein Passagier überlebte. Eine Tafel auf dem Friedhof erinnert an diese Katastrophe.

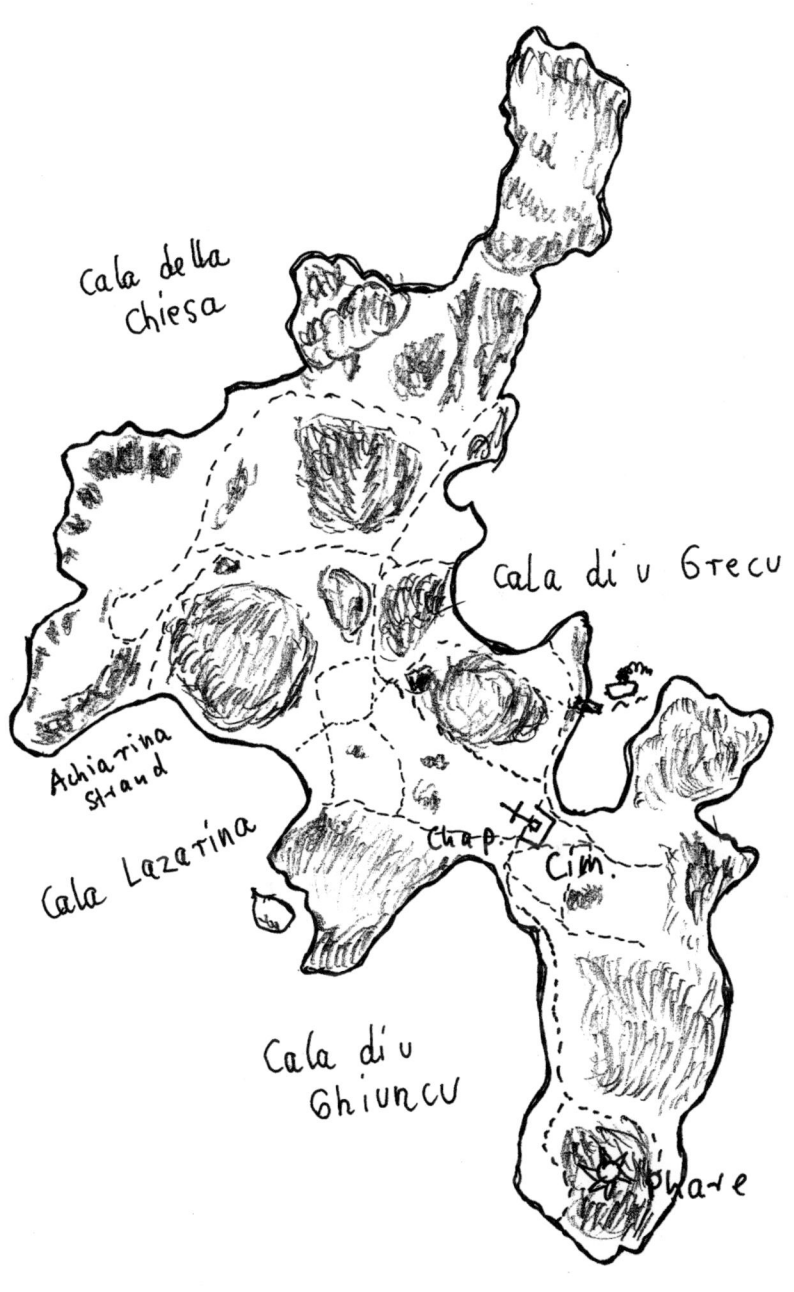

Cala della Chiesa

Cala di u Grecu

Achiarina Strand

Cala Lazarina

Chap. Cim.

Cala di u Ghiuncu

Phare

99